우리는
왜
그림을
못 그리게
되었을까

우리는 왜 그림을 못 그리게 되었을까
어린이의 성장과 미술교육

ⓒ 김인규, 2025

2025년 2월 22일 처음 펴냄

글쓴이 | 김인규
편집부장 | 이진주
기획·편집 | 서경, 공현
출판자문위원 | 이상대, 박진환
디자인 | 박대성
제작 | 세종 PNP

펴낸이 | 김기언
펴낸곳 | 교육공동체 벗
사무국 | 최승훈, 이진주, 설원민, 서경, 공현
출판등록 | 제2011-000022호(2011년 1월 14일)
주소 | (03971) 서울시 마포구 성미산로1길 30 2층
전화 | 02-332-0712
전송 | 0505-115-0712
홈페이지 | communebut.com

ISBN 978-89-6880-191-4 03370

어린이의 성장과 미술교육

우리는
왜
그림을
못 그리게
되었을까

/ 김인규 씀

교육공동체벗

차례

책을 펴내며 | 나는 왜 이런 책을 쓰게 되었을까 *8*

I
그리기

1. 출발 *16*

2. 구상적 이미지의 등장 *22*

3. 이름 붙이기 *33*

4. 이름 붙이지 못하는, 혹은 않는 아이 *40*

5. 친구를 따라 하려던 아이 *45*

6. 함께하며 크는 아이들 *56*

7. 보고 그리기의 시작 *68*

8. 본격적으로 보고 그리기 *76*

9. '보고 그리기'란 무엇일까 *87*

10. 에필로그 — 잘 그리는 아이 *96*

II
안 그리기

1. 깜지 활동으로부터   *102*

2. 깜지 활동의 확장   *112*

3. 매체 탐구로서 깜지   *118*

4. 에필로그 — 깜지를 고집하는 아이   *126*

III
매체로부터

1. 물질성으로부터   *132*

2. 물감으로부터   *142*

3. 입체적 재료로부터   *170*

4. 에필로그 — 찰흙 활동의 또 다른 모습   *180*

IV
자기표현으로서 미술과 지식적 차원

1. 자기표현이란 무엇인가? *188*

2. 깜지 활동에서 자기표현과 지식적 차원의 개입 *192*

3. 물감 활동에서 ─ 지식적 차원의 두 가지 측면 *198*

4. 서예에서 ─ 지식적 차원과 자기표현 *208*

5. 입체 표현에서의 전개 *224*

6. 에필로그 ─ 보고 그리기에서의 자기표현 *232*

V
이미지를 가로질러

1. 자유 표현으로부터 *240*

2. 인물 그리기로부터 *250*

3. 김홍도의 〈씨름도〉 속으로 *260*

4. 에필로그 ─ 공간의 발견 *276*

VI
끊임없는 교사의 역할

1. 자유롭지 않은 아이들 *282*

2. 자기 존재의 표현으로서 미술 *288*

3. 발달과 성장 *295*

4. 사회적 과정으로 *310*

5. 교실과 수업이라는 가상 공간 *324*

6. 미술 교과의 독보적인 성격 *329*

부록

1. 유치원 과정 *335*

2. 화분 그리기 과정 *338*

3. 깜지 활동 과정 *340*

4. 물감 활동 과정 *343*

5. 인물 그리기 과정 *346*

6. 서예와 수묵 과정 *349*

7. 입체 활동 과정 *352*

감사의 글 *356*

나는 왜 이런 책을 쓰게 되었을까

나는 중등학교에서 30년 가까이 미술 교사를 하고 퇴직을 했다. 그럼에도 오랫동안 어린이 미술교육에 대한 생각 혹은 의구심을 가지고 있었다. 한때 초등 미술 교사로 자리를 옮겼으면 하는 희망을 가져 본 적이 있을 정도였다.

중학교에 처음 입학한 아이들을 만나 보면 대체로 미술을 지루하거나 어려운 활동으로 여겼다. 그리기에서는 특히 그랬다. 교사는 시작부터 미술이 즐거운 활동이라는 것을 증명해 보이는 수고를 해야 하곤 했다. 고등학교에서는 더욱 심했다. 처음 만난 아이들에게 ─ 특히 남학생들의 경우 ─ 재미있는 미술 시간을 물으면 "그리기만 안 하면 돼요!"라고 대답했다. 미술은 특별히 소질 있는 아이들을 위한 활동인 것처럼 여기는 것이다. 성인들에게 미술에 대해 물어도 대부분 "미술은 어려워요"라며 자신들이 즐길 만한 것이 아닌 것처럼 말한다.

나는 첫 단추에서부터 잘못 꿰어져서 그런 것이 아닌가 하는 추측을 했으며 그것을 바로잡을 방법을 생각했다. 그러려면 아이 시절부터 미술을 접하고 만나는 방법을 다시 연구해 볼 필요가 있었다. 젊었을 적 어린이집에서 3년 정도 유아 미술 활동을 한 적이 있어 더욱 그런 의욕이 싹텄다.

퇴직한 지 3년째 되던 해, 한 초등학교에 미술 수업을 맡아 보겠다고 문을 두드렸고, 흔쾌히 허가를 받았다. 당시 유치원과 초등학교 3학년 미술 수업을 맡았다. 아이들에게 미술을 잘 가르쳐 보고 싶다는 생각에 갔지만 놀랍게도 오히려 아이들에게 배우는 시간이 되었다. 미술교육에 대한 나의 생각을 끊임없이 되짚어 보는 과정이기도 했다.

유치원은 1년으로 마무리했지만 초등학교 수업은 그만둘 수가 없었다. 함께 4학년, 5학년, 6학년을 따라 올라갔고, 그렇게 4년이란 기간 동안 아이들의 변화를 뒤쫓을 수 있었다. 이전에는 경험해 보지 못한 값진 연구의 시간이었다.

내가 무엇보다도 깊이 확인한 것은 미술 활동이 자기표현을 기반으로 한다는 것이었다. 누군가로부터 배워 익히는 활동이기 이전에 스스로 표현하는 데서 출발하는 것이다. 또한 수업은 그렇게 자기표현이 풍요로워지는 과정이자 그런 아이들을 마주하는 시간이었다. 의식적인 것과는 상관없이 자기를 표현하고 있는 아이들의 모습을 매 순간 발견하고, 그 과정에서 미술교육의 역할을 되돌아보고 다시 정립할 수 있었다.

여기에서 교사가 유념해야 하는 것은 아이들은 3세만 되어도 친구들과 비교하기 시작한다는 사실이다. 자신이 다른 친구들보다 못하면 어떡하나 두려움을 갖는다. 혹은 잘한다고 여겨지는 것에 사로잡힌다. 그러는 순간 아이들은 자기표현이 위축되고 스스로 몰입하며 즐길 여유를 갖지 못하게 된다. 나는 아이들의 성장을 지켜보면서 그 지점에서의 교사의 역할을 깊이 있게 고민하고 탐구할 수 있었다.

그럼에도 불구하고 배우며 성장한다고 하는 것은 당연히 친구들과의 관계 속에서 이루어진다. 쉽지 않은 일이지만 서로 비교하기도 하고 협력하기도 하면서 각자 자기 자신의 모습을 형성해 간다. 놀랍게도 함께하면서 개인적인 한계를 훌쩍 넘어서기도 한다. 배움의 계기 속에는 늘 친구들이 한편에 자리하고 있는 것이다. 이런 관계를 원만하게 형성하거나 역동적으로 구성하게 하는 데는 반드시 교사가 중추적인 역할을 해야 한다.

나의 수업은 그런 아이들과 발을 맞추는 과정이었다고 할 수 있다. 수업은 주제 면으로나 방법적으로 그리 특별한 것은 아니었다. 전통적인 그리기와 만들기를 기본으로 하였다. 그렇지만 그것을 통해서 아이들을 지켜보며 관찰할 수 있었고, 교사의 역할을 탐구할 수 있었다.

초등학교 선생님들께서 말씀하시길 5학년만 되어도 미술 수업을 지루해한다고 한다. 그런데 나의 수업에서는 아이들이 다르다고 했다. 그것이 나의 성과라면 성과였다. 특별히 흥미로운 프로그램을 실행한 것이 아니었음에도 아이들은 나의 미술 수업을 기다렸다.

글은 유아기의 미술 활동에서부터 시작한다. 아이가 처음 아장아장 걷기 시작하며 무언가 그리기를 시작하는 순간부터 말이다. 손녀가 생기면서 유아기 활동을 다시 지켜보는 행운을 얻었다. 말이 통하지 않는 아이들의 활동에는 다소 나의 상상력이 가미되지만 성장하면서 점점 구체화되는 내용을 담아낸다.

유치원 시기는 아이가 친구들 사이에서 막 자기표현의 여행을 시작하는 단계라 할 수 있다. 이때 어른이 그 표현에 섣불리 개입하면 아이의 첫 발자국을 훼손할 가능성이 있다. 한 발자국 뒤에 떨어져 아이의 몫을 격려하고 지지해 주는 역할을 해야 하는 것이다. 그래서 나의 수업은 과제나 주제를 제시하지 않으며 다만 재료를 제공하는 과정이었다. 아이는 늘 자기 행동의 중심에 서게 된다. 다만 교사는 그에 따라 알맞은 재료를 제공하여 그 표현 욕구와 의지를 자극하고 독려할 뿐이다.

그리고 수업은 훌쩍 뛰어 초등학교 3학년 시기에서 시작한다. 1, 2학년 시기가 빠진 것은 아쉬운 일이기는 하지만, 그럼에도 아동기의 교과 활동이 본격적으로 시작되는 시기가 3학년이라는 점에 근거를 두고 있다. 1, 2학년 시기는 여전히 유치원 시기의 연장 속에서 표현 놀이의 영역에 있다고 볼 수 있다. 반면 3학년 시기부터는 좀 더 본격적으로 분화된 미술적 과제를 마주하게 된다. 이즈음부터 보이는 것과 그리는 것 등이 가지는 차이에 대한 인지적 활동이 시작된다. 또한 성장과 함께 습득하게 된 미술 문화적 경험이 본격적으로 작용한다. 이에 나는 자기표현이라는 아이들의 활동을 보존하고 지속해 내면서 인지 발달과 성숙에 알맞게 여러 층위에서 미술적 탐구를 해 갈 수 있도록 활동을 배치하고자 했다.

돌이켜 보니 이리 긴 시간 동안 아이들의 성장을 추적하며 수업을 진행할 수 있었던 것은 커다란 행운이었다. 중등학교에서 미술 교사를 할 때에는 같은 학생들을 그렇게 연속적으로 만나기 쉽지 않았을 뿐 아니라, 아이들의 성장을 추적하여 살펴볼 겨를을 갖지 못했다. 좀 더 정확하게 말하면 그때는 내 수업을 잘하고 싶은 마음에 더 얽매여 있었던 것이 아닌가 한다. 그래서 목표하는 바에 따라 학생들이 좋은 성과를 내 주길 바라며 종종걸음 치곤 했다. 그렇지만 이제 아이들의 입장에 서서 한 명 한 명을 좀 더 세심히 바라보는 눈을 가지게 되었다고 할 수 있다. 그렇게 나의 수업은 아이들의 성장과 호응하는 과정이 되었다.

결국 교육은 아이의 성장을 도모하는 일이다. 미술교육의 목표 역시 아이가 미술을 잘하게 되는 것이 아니라 미술을 통해 자신을 발견하고 성장할 수 있게 하는 데 초점을 두어야 한다. 그리고 나는 그 과정을 지켜보는 행운을 얻었다. 아이들 또한 즐거움으로 그것에 화답했다.

그런 측면에서 이 책은 현장에서 아이들을 만나는 교사들이나 미술교육을 공부하는 학생들, 그리고 아이들을 키우는 부모님들과 그 경험을 나누는 매개체가 될 것이다. 특히 미술교육의 관점과 태도를 수립하는 데 도움이 될 것이라 생각한다. 더 나아가 유아교육, 초등교육뿐 아니라 전체 미술교육의 방향을 가늠하는 데 기여하길 바란다.

그간의 미술 교육과정을 살펴보면 '미술'에 방점을 찍고 어떻게 가르칠 것인가 혹은 어떻게 배우는가만 중시하고 있다고 여겨진다. 그렇지만 나는 그 방점을 '아이'에게로 옮겨 와야 한다고 생각한다. 미술이 자기표현을 기반으로 한다고 할 때 이는 지극히 당연한 것이다.

그렇게 될 때 미술은 또한 아이들의 모습을 보여 주는 창이 될 수 있다. 감출 수 없는 자기표현이 미술을 통해 드러난다고 할 때 아이의 삶과 함께해야 하는 어른들에게 좋은 참조점을 제공하게 될 것이다. 수년간의 나의 여정은 그렇게 미술과 함께 성장하는 아이들의 모습을 통해 미술교육의 의미와 역할을 짚어 오는 과정이었다고 할 수 있다.

2025년 2월
충남 서천에서 김인규

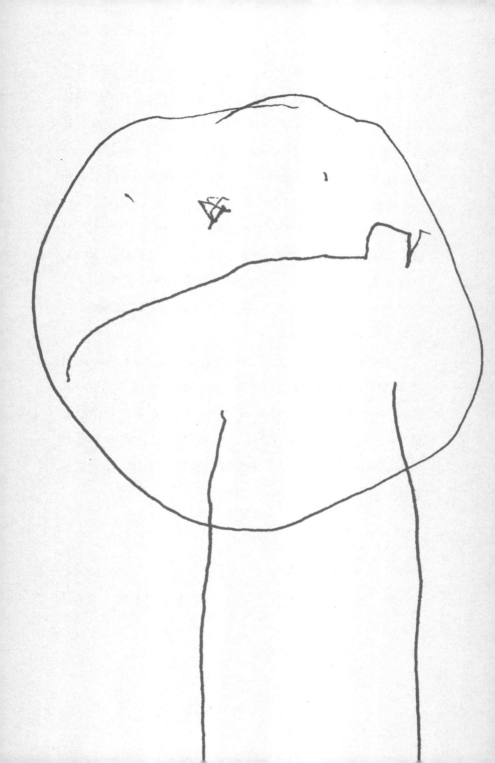

그리기

출발 | 구상적 이미지의 등장 | 이름 붙이기 |
이름 붙이지 못하는, 혹은 않는 아이 | 친구를 따라 하려던 아이 |
함께하며 크는 아이들 | 보고 그리기의 시작 | 본격적으로 보고 그리기 |
'보고 그리기'란 무엇일까 | 에필로그 – 잘 그리는 아이

1

출발

🖙 1-1

1세 아동의 그림. 방의 벽에 마음껏 그리도록 하였다. 아래 사진은 훗날 벽지를 뜯어낸 것이다.
한쪽에 있는 글씨와 하트 모양의 그림은 엄마의 손길일 것이다.

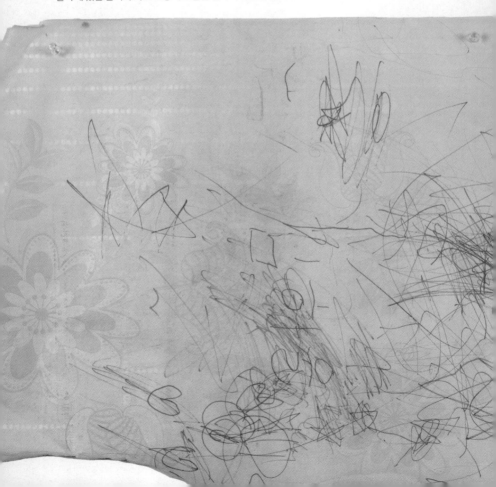

두 발로 우뚝 서니 손이 생겼다. 쭉쭉 뻗어진다. 잡을 수 있다.

성큼성큼 걸어가 잡아당긴다.

기다란 게 있다. 잡는다. 잡아 흔든다. 부딪힌다. 소리가 난다.

손바닥이 쿵쿵 울린다. 확 그었다. 드르륵 울린다. 근데 자국이 생겼다.

보인다. 벽에 자국이 생겼다. 큰 자국이 생겼다. 마구마구 움직이니

마구마구 자국이 생긴다. 큰 자국이 생긴다. 죽죽 그어 본다.

여기저기 돌아다니며 문지른다. 신난다.

아마도 첫 그림 그리기가 그렇게 시작되었을 것이다. 손의 움직임을 받아 주는 벽에 선명한 흔적이 나타나 보이는 순간 그것은 아이의 눈에 너무도 강렬하였을 것이다. 손에 잡힌 그 기다란 막대를 통해 벽과 만나게 된 것이다. 아이는 벽을 또렷이 보았고, 그렇게 벽이 아이한테 성큼 들어왔다. 그렇다고 금세 그림이 시작되었다고 말하기는 조금 이르다. 흔적이 주는 강렬한 인상은 보이는 것을 바꿔 놓기 충분하였지만, 그것은 여전히 움직이는 즐거움에 가깝다. 힘찬 움직임의 표시이다. 조금 더 구체적으로 말하면 움직임을 보여 주는 거울이다. 그때 느꼈던 신나는 즐거움을 반사해 준 거울이다. 아마도 그때쯤부터 아이는 거울 보기를 시작하고 있었을 것이다. 점차 저쪽에 자신의 행위가 나타난다는 것을 알기 시작했을 것이다.

　그럼 그림은 언제 시작되었을까? 아마도 시간이 더 지난 다음일 것이다. 거울 속의 '나'를 또렷이 '나'로 받아들이기 시작할 즈음이다. 나와 엄마가 다르다는 것을 알게 될 즈음이다. 엄마는 저기 있고, 아빠도 있고, 야옹이도 있다는 것을…… 그렇게 하나하나 구분하기 시작할 즈음이다.

　벽에 그었던 선들이 조금씩 다르게 보인다. 세게 그은 선, 살살 그은 선이 다르다. 힘차게 문지르기 시작하니 점점 선이 모여 뭉친다. 흔적들의 뭉치가 생겼다. 하얀 종이와 다르게 거기엔 뭐가 있다.

"그게 뭐야?"

"음, 음, 음…… 야옹이야." / "음, 이건 아빠야. 아빠가 펄쩍 펄쩍 뛰고 있어."

그림이 시작된 것이다. 거기에 뭐가 있다는 것을 보았다. 위로 향한 것과 옆으로 길게 그어진 것은 다르다. 콕콕 찍은 것과 마구 문지른 것이 다르게 보이기 시작하였다.

🔊 1-2

1세 아동의 그림. 마구마구 긋던 선들이 동글동글해지기 시작한다.

그리고 아이는 어느덧 동그라미를 그릴 수 있게 될 것이다. 하나의 형상이 시작되는 출발점이다. 물론 무수한 반복 끝에 얻어진 결과이다. 처음에는 우연히 벌어졌는데 그냥 쭉쭉 긋던 선과는 다르다는 것을 발견하게 된 것이다. 아마도 팔의 움직임대로 선을 긋다 보니 자연스레 둥근 선들이 나왔을지도 모른다.

그런데 이제 그것을 의식하고 그려 보기 시작한다. 노력이 필요하다. 연필을 좀 더 꼭 움켜쥐어야 한다. 그리고 한쪽으로 움직여야 한다. 조금 천천히 움직여야 한다. 그렇게 손을 움직였을 때 선이 드디어 반대쪽 끝과 묶여 버렸다. '동그라미.' 안과 밖이 생겨 버렸다. 동그라미 안은 무엇이 있는 곳이며, 밖은 아무것도 없는 곳이 된다. 아이는 비로소 텅 빈 곳과 무엇이 있는 형태를 정확하게 구분하기 시작하는 것이다. 그렇게 새로운 세상이 시작되었다고 할 수 있는데, 이것은 그리기의 출발이 된다.

아무렇게나 움직여 즐길 때와는 다른 세계가 시작된 것이라 할 수 있다. 아이는 동그라미를 그려 내는 쾌거를 올렸지만 동시에 장차 그 동그라미 안에 갇히고 말 것이기 때문이다. 동그라미가 네모가 되고 세모가 되고 길쭉한 무엇이 되더라도, 무엇인가 형태를 그려야 한다는 새로운 세계를 마주하게 되는 것이다. 그리기는 그렇게 출발한다.

☞ 1-3

2세 아동의 그림. 동그라미는 의도적으로 그려졌고, 안쪽에 색을 칠했다.
안과 밖이 구분되기 시작한 것이다.

2

구상적 이미지의
등장

        그럼에도 그것은 새로운 시작이 될 것이다. 동그라미는 무엇이 될 수 있기 때문이다. 새로 태어난 동그라미는 엄마도 되고, 아빠도 되고, 나비도 되고, 멍멍이도 될 수 있다. 그것은 세포가 분열하듯이 끊임없이 새로운 사물이 되어 태어나게 될 것이다. 자신의 화첩 안에 이 세상을 담아낼 수 있게 되는 것이다.

  아마도 첫 동그라미는 사람의 모습이 될 것이다. 그것은 얼굴이리라. 거기에 두 개의 점을 찍으면 눈이 되고, 줄을 죽 그으면 다리나 손이 될 것이다. 아이가 본 사람의 특징이 잘 나타난다. 아이에게 사람의 모습은 커다랗게 생긴 얼굴이 있고, 자신을 또렷이 바라보는 눈이 있으며, 죽죽 뻗어 있는 작대기 같은 손이나 발을 가지고 있다.

4

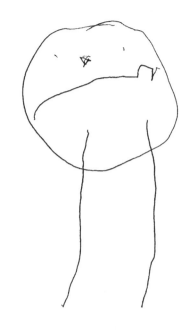

5

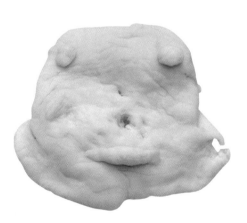

☞ 1-4 ∣ 3세 아동의 그림. 동그라미가 어느덧 사람이 되었다.

☞ 1-5 ∣ 3세 아동의 작품. 밀가루 반죽에 눈, 코, 입을 나타냈다.

그렇지만 그 사람을 아이가 스스로 발명했다고 보기는 어렵다. 동그라미가 얼굴이 되거나 두 개의 점이 눈이 되는 것은 엄마나 아빠가 그렇게 보아 준다는 사실 때문이다. 아이는 그래서 그리했을 것이다. 이때부터 아이는 다른 사람이 어떻게 보아 줄지 염두에 두며 그리기 시작한다. 그렇지만 그것이 실제로 사람을 닮았는지는 중요하지 않다. 누구든 그것을 사람이라고 말해 주기 때문에 그것으로 충분하다. 물론 점차 입이나 코를 가져야 하고, 손과 발을 구분해야 하고, 몸도 따로 가져야 한다는 것을 알게 되겠지만 말이다. 이제 세상에 보이는 것들을 그런 식으로 하나하나 만들어 가기 시작할 것이다. 끊임없이 그런 물건들로 채워 가야만 하는 텅 빈 종이를 바라보게 될 것이다.

그렇다고 아이가 늘 구상적 이미지에 사로잡혀 있기만 한 것은 아니다. 아이에게는 여전히 아무런 생각 없이 마구 움직여 긋던 선의 매력이 남아 있다. 손의 움직임에 따라 생기던 흔적의 매력뿐 아니라 그렇게 움직여 긋는 행동의 즐거움이 남아 있으며, 정해진 것에 얽매이는 답답함이나 뜻대로 잘 안 될 때 피해 나가는 방법으로 자유로운 선을 활용하기도 한다.

☞ 1-6에는 세 명의 사람이 등장한다. 그렇지만 처음부터 한꺼번에 그리려 마음먹은 것은 아닐 것이다. 가운데 사람이 자신이다. 얼굴이 가장 큰 것을 보니 맨 처음 그렸을 것이라고 추측할 수 있다. 그런데 아직 종이에 빈 곳이 많다. 그럴 정도로 아주

큰 종이였다. 그리고 아이에게 떠오른 사람은 아빠였다. 아빠에 대한 애착이 더 컸기에 그랬을 것이다. 오른쪽에 아빠를 그리고 나자 엄마가 떠올랐고 왼쪽에 엄마를 그렸다. 자신이 가장 크고 아빠, 엄마 순이다. 그것은 그려진 순서를 나타낸다.

그런데 그러고 나도 여전히 빈 곳이 많이 남아 있다. 이때 떠오른 것은 온 가족이 함께 했던 닌텐도 게임이다. 거기에서 아빠, 엄마와 함께 눈이 온 들판을 걸어 다녔는데, 닌텐도 화면에는 가족의 캐릭터들과 함께 수많은 발자국들이 선명하게 찍혀 있었다. 떠오른 대로 종이에 점을 찍어 나가기 시작했는데, 점점 다른 선들이 덧붙여지고 선의 움직임에 이끌려 펜은 종이 위를 떠돌기 시작했다. 그것이 무엇이라고 이름 붙여지기도 전에 선을 긋는 행위의 즐거움에 빠져들었던 것이다. 이때 흥미로운 것은 아빠 입 근처에서부터 마구마구 칠해진 검정 선이다. 그것도 부족해서 다른 색의 펜으로도 또한 마구마구 칠해버리고 있다. 이것은 1~2세 시기에 아무 생각 없이 마구마구 해대던 스크래치를 떠오르게 한다.

그런데 그리기가 끝나고 엄마가 그것이 무엇이냐고 물으니, 살짝 망설이다가 아빠가 짜장면을 먹다가 흘린 것이라고 했다. 스크래치의 위치, 색이나 모양으로 인해 충분히 그것이 짜장면이라고 떠올릴 수 있다. 물론 아이가 그리면서 짜장면을 떠올렸을 수도 있지만, 그것이 단지 짜장면을 그리기 위한 것이 아니었음을 알 수 있다. 그림의 상황에서 볼 때 짜장면을 먹다 흘

☞ 1-6

3세 아동의 그림. 커다란 달력 종이 뒷면에 자신을 포함하여 아빠, 엄마를 차례대로 그리고
그 주변과 여백에 선과 점들을 그려 넣었다.

렸다고 하는 것은 아주 뜬금없는 일이기 때문이다. 이 시기 아이들은 알 수 없는 것을 그려 놓고 나중에 이름을 붙이는 것이 다반사다. 모든 사물은 이름이 있다는 것을 알고 있기에 무엇인지 모를 것을 그리고 나서 누가 물어보면 적당한 이름을 가져다 붙이는 것이다.

그러니까 우리가 염두에 두어야 하는 것은 아이가 어떤 이미지를 그려야 한다는 생각을 했더라도 아이는 그것에 얽매여서 그리지만은 않는다는 점이다. 무엇을 그리기도 전에 그저 행동이나 그려지는 선의 매력에 스스로 이끌리는 순간이 있다. 그린다고 하는 것에는 그린다는 행동 자체가 가지는 즐거움이 한자리를 차지하고 있기 때문이다.

생각해 보면 참 쉬운 이야기인데, 성인도 '무엇을 그려야겠다'고 생각하기도 전에 그저 '그려야겠다'는 충동에 이끌려 볼펜을 끄적거리기 시작할 때가 종종 있다. 그제서야 무엇을 그릴지 탐색을 시작하곤 한다. 그러니까 그림을 그린다고 하는 일에는 '무엇을 그리는가'와 관계없이 '그리기'라고 하는 충동이 이미 자리하고 있다고 할 수 있다.

☞ 1-7을 그리던 모습을 보면 그런 측면이 확연히 드러난다. 이 아이는 먼저 왼쪽의 그림을 그렸는데 종이의 하단에 꽃을 그리기 시작하였다. 여러 개의 꽃을 그렸는데 위쪽으로 여백이 많이 남았다. 이에 아이는 동그라미의 형태로 채워 나가기 시작하였다. 그리곤 그것들과 경계를 짓는 듯한 선을 그려 꽃

🔊 1-7

5세 아동의 그림. A4 용지에 연필로 꽃을 그리고 종이의 남은 부분인 위에는 동그라미를 그려 채웠다.(왼쪽) 오른쪽 그림은 왼쪽 그림을 그리고 난 후에 그린 두 번째 그림이다.

을 감쌌다. 그리고 오른쪽 그림을 다시 그렸는데 이번엔 크게 꽃 두 송이를 그렸다. 앞의 그림에서 꽃을 너무 작게 그려 종이를 채우기 어려웠던 것은 아닐까 추측해 볼 수 있다. 그럼에도 여백이 남아 다시 동그라미 몇 개를 크게 그려 여백을 채웠다. 그런데 뭔가 마음에 안 들었는지 동그라미들 위에 연필로 마구 스크래치를 하였다. 나는 아이한테 왼쪽 그림에서 위쪽의 동그라미들이 무엇인지 물었다. 아이는 잠시 망설이더니 눈이라고 했다. 그러고 보니 눈처럼 보인다. 그래 다시 오른쪽의 그림에서 그것들은 무엇이냐고 물었더니 역시 잠시 망설이더니 바람이라고 했다. 마구 스크래치 한 것이 바람처럼 보인다. 아이는 애초 그런 생각이 없었지만 교사가 묻자 보이는 느낌에 따라 이름을 붙였을 것으로 추측해 볼 수 있다.

　아이는 종이의 여백을 채워야 한다는 부담이 있었던 것으로 보인다. 그렇지만 왼쪽 그림의 경우 그저 부담감으로만 그린 것 같지는 않다. 작은 동그라미가 무엇이든지 간에 그것을 그리는 순간은 즐거웠을 것으로 보인다. 동그라미들이 날렵한 모양을 이루며 힘차게 그어진 것을 보면 느낄 수 있다. 또한 꽃을 감싸며 그려 낸 선들은 그려진 것들을 감싸기도 하고 비켜 가기도 하면서 그것들에 집중하는 즐거움이 있었을 것으로 추측해 볼 수 있다. 그것은 꽃을 꽃처럼 그리는 일과는 또 다른 그리기 활동이라 할 수 있다.

　☞ 1-8의 아이는 작심하고 선을 즐기고 있다. 어쩐 일인지 꽃

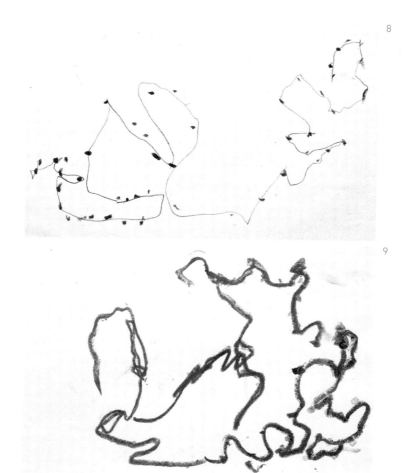

☞ 1-8 ∣ 4세 아동의 그림. 종이에 자유롭게 선을 그리고 점을 찍었다. 그리고 난 후에 뱀을 그렸다고 말했다.

☞ 1-9 ∣ 5세 아동의 그림. 다른 아이가 ☞1-8을 보고 따라 그렸다.

그리기

이라든가 사람이라든가 하는 정해진 사물을 그리는 것과 아무런 상관없이 그저 선을 긋는 즐거움에 몰입하고 있다. 허공을 더듬어 가듯이 빈 종이를 연필로 더듬고 있음을 느낄 수 있다. 그 순간 자신의 모든 에너지를 선에 집중하였을 것이다. 선을 따라 크레파스로 점을 찍어 나간 것도 그 집중하는 힘의 결과라 할 수 있다. 교사가 그것이 무엇이냐고 묻자 뱀이라고 하기는 했지만, 누가 보더라도 결코 뱀을 그리고자 했던 것이 아니라는 것을 알 수 있다. ☞ 1-9는 이때 옆에 있던 아이가 따라 하기 시작한 것이다. ☞ 1-8이 무슨 이유에서인지 매력적으로 보였던 것은 아닐까. 아니면 선생님이 관심을 가지는 것을 보고 시샘이 난 것일 수도 있겠다.

3

이름 붙이기

끊임없이 무엇인지 알 수 없는 형상을 마구마구 그려 내면서, 또한 알 수 없는 이름을 붙여 나가는 아이가 있었다. 그림을 순식간에 아무런 망설임 없이 그려 내는데, 그리고 나면 이것들이 무엇인지 하나하나 이름을 붙여서 말하였다. 교사가 묻지 않아도 일부러 그림을 들고 와 이름을 알려 주고 가곤 했다. 그런데 그 이름은 어디선가 들어 봤음 직하지만 실제로는 생소한 것들이었다. 평소에 유튜브 등 다양한 영상들을 탐닉하는 아이라고 하는데 아마도 그런 영상에서 받은 영향일 수도 있겠다. 공룡이나 로봇, 괴물 등 아동용 영상에 등장하는 형상들을 떠올리는 것은 아닐까 하는 생각이 들었다. 그런데 흥미로운 것은 이미 아이가 이름을 말했던 그림을 들고 교사가 다시 이름을 물어보면 또 다른 이름을 말한다는 사실이

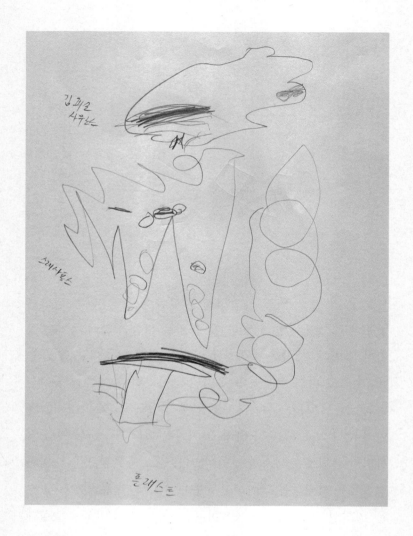

🔈 1-10

4세 아동의 그림. 마구마구 알 수 없는 형태를 그렸다.
그림에 아이가 말한 이름들을 교사가 써넣었다.
오른쪽 그림은 '지크니'라고 하고 또 '땅'이라고도 했다.

지크니(양)

다. 그 이름들이 그때그때 충동적으로 떠오른 것이었기에 시간이 지나면 그 이름을 다시 말할 수 없는 것이다.

그러니까 이름이 정해져 있지 않은 것처럼 사실 무엇인가를 닮게 그리려는 의지도 정확하게 없었다고 할 수 있다. 그때그때 연필이 가는 대로 아주 충동적으로, 그것도 아주 순식간에 그렸다. 유아기 스크래치 정도는 아니지만 딱히 무엇을 닮게 그리려 애쓰는 모습이 없었다. 이 시기 아이들에게 나타나는 '이름 붙이기'의 특성을 아주 잘 보여 주고 있다고 할 수 있다. 아이들은 무언가 충동적으로 그리다가 그것에서 떠올리는 이름을 붙여 완성하는 경향을 보인다.

☞ 1-11의 경우 아이는 회색 클레이를 가지고 놀고 있었다. 그것을 손가락과 손바닥으로 눌러 늘렸는데, 아마도 전날 밀가루 반죽으로 만두를 만들었던 것을 연상했을지 모른다. 그런데 아이는 갑자기 그것이 토(토사물)라고 했다. 아마도 회색빛이 토사물을 연상시켰고, 이전에 토했던 기억을 떠올렸던 모양이다. 그러고는 거기에 하얀색을 덧붙였고, 뿔 달린 사람을 만들어 엎어 붙이고는 토하는 사람이라고 했다. 그러니까 무엇을 처음부터 마음먹고 만든다기보다는 하다가 느낌에 따라 알고 있는 사물과 연결 짓는 것이다. 이때 아이들에게 그것이 무엇을 나타내려 했는지는 그렇게 중요하지 않다고 할 수 있다. 그럼에도 아이는 점점 그럴듯한 상황을 만들어 가는 것이다.

그것은 보는 사람에게 자신이 한 것을 무엇이라고 설명해야

□□➪ 1-11

4세 아동의 작품. 토하는 사람이라고 했다.

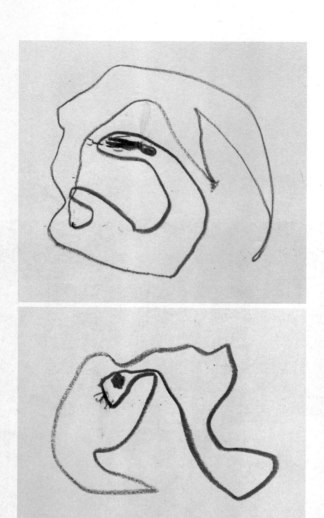

4세 아동의 그림. 그려 놓고 뱀이라고 했다.

하는 의무감에서 비롯된 것이기도 하다. 만드는 일은 스스로의 즐거움이기도 하지만 다른 사람, 특히 어른에게 보여 주고 인정받는 일이기도 하기 때문이다. 때문에 교사가 뭐든 정하여 시키는 방식으로만 활동을 하게 되면, 미술 활동은 자신의 즐거움을 위한 일보다 어른에게 잘 보이는 일이 되어 버린다는 것을 유념할 필요가 있다. 가능한 한 표현과 선택의 기회를 열어 둘 때 스스로의 상상 속에 머물 수 있는 기회를 좀 더 많이 제공할 것이다.

　　▭ 1-12의 경우는 아주 흥미로운데 누가 봐도 뱀을 그렸다고 생각할 것이다. 그렇지만 처음부터 뱀을 그리려 했던 것이 아님을 알 수 있다. 몸을 이루는 형태가 일반적인 뱀의 모습과는 다르게 자유분방하기 때문이다. 아이는 형태를 그려 놓고 나서 언뜻 뱀을 떠올렸고 머리 부분 같은 곳에 눈과 혀를 그려 넣어 뱀을 만들어 낸 것이다. 아래쪽의 그림은 더욱 흥미롭다. 머리 모양을 찾아낸 부분의 형태가 바깥으로 열려 있다. 그럼에도 아이는 그것에서 머리 모양을 보았고 눈과 혀를 그려 넣어 뱀을 만들어 냈다. 아이들이 그림을 그린다는 것은 매우 역동적인 일임을 알 수 있는 대목이다. 그리는 일은 어쩌면 발견하는 일에 더 가까워 보인다. 그 발견에 경탄하지 않을 수 없다.

4

이름 붙이지 못하는,
혹은 않는 아이

그런데 이름 붙이기를 회피하는 경우
도 있다. ▷ 1-13의 경우이다. 정말 무엇인지 알 수 없지만 심
혈을 기울여 형태를 구상해 냈다. 그 나이 또래 아이들의 상황
에서 보면 상당히 정돈되고 절제되어 있다. 그리는 와중에 어
떤 형태를 겨냥했었다는 것을 추측할 수 있다. 그렇지만 아이
는 이것이 무엇이냐고 묻자 이름 붙이기를 거절했다. 아무것도
아니며 그냥 그린 것이라 했다. 끊임없이 이름을 붙여 대던 ▷
1-10의 아이와 다르다고 할 수 있다. 이 아이가 늘 그림에 이름
을 붙이지 않는 것은 아니지만, 알 수 없는 형태를 그리고 나면
그랬다. 이에 ▷ 1-10을 그린 아이와 다르게 이 아이는 스스로
실패를 인식한다고 추측할 수 있다. 처음에는 무언가 모양을
의도해서 시작했지만 뜻대로 안 되었고, 그러자 오히려 알 수

1-13

4세 아동의 그림. 아이는 그려 놓고 그냥 그린 것이라고 했다.

☞ 1-14

4세 아동의 그림. ☞ 1-13의 아이의 그림으로 처음에는 아무런 사물도
염두에 두지 않고 그리는 것 같았지만 다 그리고 나서는 무지개를 그렸다고 했다.

없는 형태로 완성을 해 버리는 것은 아닐까. 그러고 나서 자신은 무엇을 그리려 하지 않았다고 주장하게 되는 것이다.

그렇지만 이 그림에 이름이 없는 것은 한편으로는 진실이라 할 수 있다. 가운데 네모를 치고 옆에 팔처럼 작은 네모를 붙여 그릴 때만 해도 무언가 알 수 있는 형태를 연상했을지도 모른다. 그런데 그림은 거기서 마무리되었고, 큰 네모를 녹색으로 채우고, 또한 아랫부분에 회색을 덧붙여 칠했는데 그러면서 아이는 애초에 자기가 무엇을 그리려 했는지 잊었을 수도 있다. 그것이 무엇을 닮지 않았음에도 추상적인 형태가 갖는 조형성에 이끌렸을 수 있다. 종종 그렇듯이 말이다. 아이는 그 순간 순수하게 조형적 즐거움을 누리고 있었을 것이다. 그리고 그것으로 충분하다면 그리기는 한층 더 즐거운 일이 될 수 있다.

▷ 1-14 는 ▷ 1-13과 같은 아이의 그림이다. 그런데 여기서는 흥미롭게도 무지개를 그렸다고 했다. 아이는 처음부터 아무런 사물을 염두에 두지 않고 그렸음을 알 수 있다. 크게 동그라미를 그리고 차곡차곡 색을 달리하며 동그라미를 채워 나갔다. 그것은 매우 재미있는 일이었을 것이다. 반복되는 규칙성에 이끌렸고 그것을 충분히 즐겼다. 그럼에도 아이는 다 그리고 난 후 당당하게 무지개를 그렸다고 주장하였다. 스스로 보기에도 제법 무지개 같았던 모양이었다. 그러고 보면 그림을 그리고 그것에 이름을 붙인다고 하는 것은 그것을 보고 있는 사람을 향해 자기가 한 일의 정당성을 입증하는 방법인지 모른

다. 그래서 아이들의 그리기에서 때로는 이름이 필요할지라도 그것에 얽매이지 않도록 배려하는 일은 매우 중요하다고 할 수 있다.

5

친구를 따라 하려던
아이

　　　　　　🖝 1-15를 그린 아이와 🖝 1-16을 그린
아이는 단짝이다. 늘 함께 붙어 앉아 그림을 그린다. 그런데
🖝 1-15의 아이는 거침없이 그림을 그리는데 🖝 1-16의 아이는
늘 🖝 1-15의 아이를 보고 따라 하거나 눈치를 보곤 하였다. 🖝
1-15의 아이가 잘 그린다고 여기는 것 같았다. 손 그림의 경우
도 🖝 1-15의 아이가 먼저 그리기 시작하였다. 손을 종이에 대
고 연필로 본을 딴 다음 손톱과 손에 색을 칠하자 🖝 1-16의 아
이는 그것을 보고 따라 하기 시작하였다. 그런데 🖝 1-15의 아
이와 마찬가지로 손을 대고 그렸지만 뜻대로 되지 않았는지 연
필로 마구 스크래치 하고 ×표를 하여 지웠다. 그러고는 또다
시 시도하였지만 여전히 잘 안 되었다. 그러자 앞의 경우처럼
마구 스크래치 하고 ×표를 쳤다. 세 번째는 더 이상 손을 대고

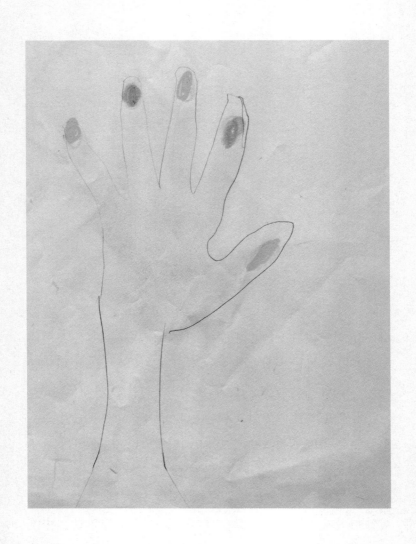

5세 아동의 그림. 손을 종이에 대고 따라 그린 후 채색을 했다.

▭▷ 1-16

5세 아동의 그림. ▭▷1-15를 보고 따라 하려고 시도했던 그림들이다.
뒤로 갈수록 점점 더 알 수 없는 형태가 되었다.

그리지 않았는데 아마도 손을 대고 하는데도 실패했기 때문이었을 것이다. 그런데 그림은 더욱 이상해졌다. 네 번째 그림으로 가면 아예 손 같아 보이지 않는다. 뭔가 알 수 없는 것을 그려 버리고 말았다. 손처럼 그리려 시작한 듯이 보이지만 선은 손 같지 않은 형태를 띠다가 스크래치로 끝을 내고 있었다. 그림은 애초에 손을 그리려 한 것이 아니었다고 말을 하는 것 같아 보였다. 그것은 손을 그릴 수 없다는 절망감의 표현이기도 하지만, 한편으로는 손을 더 이상 그리지 않겠다는 선언 같기도 했다.

달팽이 그림에서도 비슷한 양상을 볼 수 있다. ☞ 1-17의 아이가 달팽이를 그리자 ☞ 1-18의 아이는 그것을 보고 따라 그리기 시작하였다. 그런데 뭔가 다르다. 아마도 스스로 약간 달팽이 같지 않다고 여긴 것 같다. 그래서인지 주변에 사각 테두리를 그리고 아래쪽에 꽃을 추가하여 그려 놓았다. 그림을 좀 더 보완하고자 하는 의지인 것처럼 말이다. 그래도 달팽이는 여전히 ☞ 1-17과 같지 않다. 아이는 다시 달팽이 그리기를 시도했는데 어쩐 일인지 달팽이는 네모가 되어 버렸다. 앞에 그렸던 네모 테두리가 달팽이로 변해 버린 것처럼 보인다. 그리고 네모는 거의 규칙적으로 반복되고 있다. 아이는 달팽이를 그린다는 의도와 상관없이 네모라는 형상에 이끌렸던 것이 분명하다.

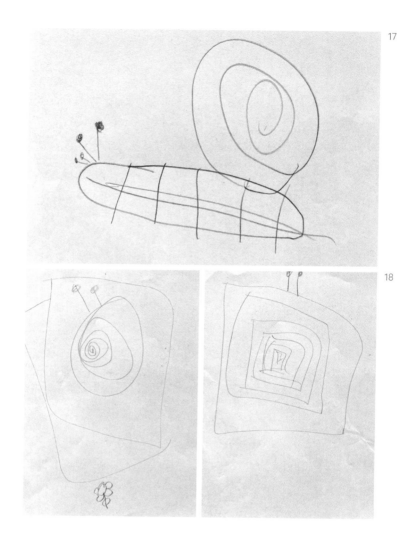

☞ 1-17 ㅣ 5세 아동의 그림. 달팽이를 그렸다.

☞ 1-18 ㅣ 5세 아동의 그림. ☞1-17을 보고 따라 그린 달팽이들이다.

그리기

🔖 1-19

5세 아동의 그림. 🔖 1-16, 🔖 1-18의 아이의 그림으로 주어진 10장의 종이를 빠른 속도로
마구마구 스크래치로 채우고 그리기를 끝냈다.

이 아이는 짝꿍처럼 그림을 잘 그리지 못한다고 느끼며 스스로 주눅 들어 가는 것처럼 보였다. 하루는 아예 그리기 활동을 하지 않고 친구들이 흘린 것을 치우거나 종이를 정리하는 활동에 열중하였다. 자기는 청소를 잘한다는 것을 보여 주려는 듯이 말이다. 그렇게 몇 번 그리기를 회피하더니 하루는 아주 어린 아이처럼 스크래치에 집중하기 시작하였다. 나는 10장의 종이를 주었는데, 스크래치 활동으로 순식간에 10장의 종이를 채우고는 활동을 끝냈다. 그러고는 숙제를 끝냈다는 듯이 홀가분해하는 것처럼 보였다. 아이는 이후 그리기를 다시 시작했지만, 더 이상 알아볼 수 있는 형태를 그리지는 않았다. 무언가 그리려 시도했던 흔적은 있지만 그리려 했던 형상에 얽매이기보다는 자유로운 스크래치로 종이를 채우곤 했다. 내가 무엇을 그렸냐고 물으면 그냥 그린 것이라고 했다. 처음에는 그것이 편하고 쉽다는 느낌이었지만 점차 아이는 그것에서 흥미를 느끼는 것 같았다. 그리는 시간도 길어졌다. 그러면서 다른 사람의 시선에 신경 쓰지 않고 자신의 즐거움을 찾아 나가기 시작하였다. 자기의 조형 세계를 찾은 것처럼 보였다. 만들기 활동을 할 때도 무언가 알아볼 수 있는 형상을 만들기보다는 꾸미기나 추상적인 조형성에 이끌려 활동을 했다. 아이가 조금은 더 자유로워졌다고 할 수 있다. 교사는 주로 지켜만 보았지만 그래도 자신을 지지해 준다는 것을 아이는 눈치채고 있는 것 같았다.

☞ 1-20

5세 아동의 그림. 스크래치로 채운 활동 이후 새롭게 해내기 시작한 작품 들이다.

6

함께하며 크는
아이들

유치원에서 그리기 활동이 끝난 후에 일어난 에피소드이다. 그리기를 끝낸 아이가 저쪽에서 장난감에 몰두하고 있다. 그리기를 하던 책상엔 여러 장의 그림들이 흩어져 있다. 이때 벌어진 대화 내용이다.

교사 : (은성*의 책상에 다가가 그림을 뒤집어 보니 이름이 쓰여 있지 않다.

그림은 4장이다.) 은성아! 그림에 이름을 쓰고 놀아야지. 정리도 하고.

은성 : (별다른 대꾸 없이 장난감에 열중한다.)

교사 : 그림에 이름을 써야지. (은성은 계속 딴짓을 한다. 이름 쓰기가 싫은 것

같다.) 그럼 선생님이 쓸까?

* 이 책에 실린 아이들의 이름은 모두 가명이다. 이 부분에만 작품의 해설을 위해 아이와 보호자의 허락을 받아 실명을 사용한다.

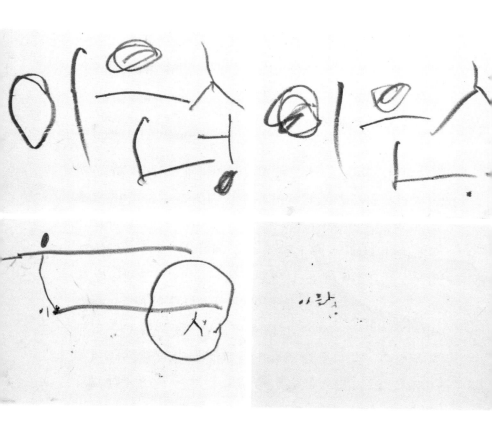

🖚 1-21

4세 아동의 활동. 그림 뒷면에 이름 쓰기를 한 활동이다.
왼쪽 위에서부터 한 장 한 장 변화된 과정을 볼 수 있다.

①	②
④	③

그리기

은성 : (그렇다는 듯이 끄덕인다.)

교사 : 그럼 선생님 이름을 써야지. 선생님이 쓰니까 선생님 이름을 쓸 거야.

그래도 괜찮아?

은성 : (마지못해 이름을 쓰러 자리로 온다.)

　그런데, 글씨를 너무 크게 써서 마지막에 초성 'ㅅ'을 쓰고 쓸 자리가 없자 그 밑에 중성과 종성 'ㅓ'와 'ㅇ'을 쓴다. 옆에서 보고 있던 영수가 재밌다고 한다. 그러자 다음 그림에도 그렇게 쓴다. 이때 'ㅇ'을 '.'으로 쓴다. 재미있는 듯이 그 다음 그림에는 조그맣게 써 본다. 영수가 계속 재미있다고 반응을 보인다. 그 다음 그림에는 작게 '이' 자를 썼다가 더 재밌는 방법이 생각난 듯이 눈이 반짝거리는데 순간 '은' 자를 아주 크게 써 버린다. '성' 자를 쓸 자리가 아예 없게 되었는데, 아랑곳하지 않고 '은' 자 밑으로 작게 '서'까지 쓴 후 'ㅇ'을 쓰는데 다시 망설인다. 눈을 반짝거리는 것을 보니 더 재미있는 방법을 생각하는 모양이다. 그러더니 문득 'ㅇ'을 '서' 자를 포함하여 크게 써 버린다. 'ㅇ' 자가 동그라미가 되었다.

교사 : 와 재밌다. 글씨가 정말 멋진데? 훌륭해!!

영수 : (선생님과 은성이를 번갈아 보며) 그냥 노는 건데? (선생님이 은성이의 행동을 칭찬하는 것에 살짝 샘이 난 듯한 표정이다.)

아이는 이름 쓰기 놀이를 아주 흥미롭게 해냈다. 그러고 나서 성취감에 으쓱으쓱했다. 그런데 아이가 이렇게 기발한 이름 쓰기 놀이를 하게 된 계기는 무엇일까? 이런 일은 쉽게 일어나는 것은 아니다. 두 가지 원인을 추측할 수 있다. 첫째, 하기 싫었는데 억지로 해야만 했다. 때문에 무언가 좀 더 재미있는 방법을 스스로 찾아내야 하는 심리적인 조건이 형성되었다고 할 수 있다. 둘째, 흥미로워해 주는 친구가 옆에 있었다. 그러니까 무언가 새로운 탐구가 시작되는 데는 그런 심리적인 요건과 같은 분위기가 형성되는 것이 중요하다고 할 수 있다. 한번 흥이 오르면 예기치 않은 발상이 일어나 더 창조적인 상황이 되는 것이다. 교실에서는 그런 분위기가 조성되는 것이 중요하다. 여기에 함께하는 친구는 무엇보다도 소중하다. 때로는 친구나 교사의 존재가 두렵고 위축되게 만들기도 하지만, 흥을 촉발시켜 주는 중요한 역할을 하기도 한다.

다른 사례를 보자.

교사 : (신영이가 그리기를 끝내고 가만히 있다. 뭔가 더 해 보게 독려하고자 말을 건다.) 신영아, 뭐 그린 거야?

신영 : 배예요. 배.

교사 : 아, 배구나! 진짜 배구나! 그런데 배라면 바다가 있어야 하지 않을까? 바다를 그려 주면 좋겠어.

신영 : 네. (배 아래쪽으로 파란색을 칠한다. 그러다가) 물고기를 그릴까?

☞ 1-22

5세 아동의 그림. 배와 바다를 그렸다.

▷ 1-23

5세 아동의 그림. ▷1-22의 그림을 보고 나서 다른 아이가 그린 그림이다.

그리기

교사 : 그래 물고기가 있으면 좋겠어. 파란색을 다 칠하지 말고 물고기를 그려
봐.

신영 : (빨간색으로 물고기를 그리기 시작한다. 그런데 물고기 같지가 않다.
그러니까 둘러댄다.) 이건 물고기가 아니라 미생물이에요. 바다에 사는…….
멸치를 그릴까? (은색으로 멸치를 그리기 시작한다. 그러더니 배 밑에
은색으로 무언가 선을 그리기 시작한다.)

교사 : 신영아, 그건 뭐야?

신영 : 그물이에요. 멸치 잡는 그물.

교사 : 그물이 안 보여. 검정색으로 그리면 보일 거 같아.

신영 : (검정색으로 다시 그린다.) 김도 그릴 거예요. 먹는 김. (바닷속에 네모진
모양을 검정색으로 그린다. 아마도 검정색을 쓰다 보니 김이 떠오른 듯하다.)

교사 : 정말 멋지구나! 잘 그렸어. (아이는 항구 도시에 살고 있다 보니 바다와
배에 대해 아는 것이 많았고 그만큼 상황이 구체적이었다.)

　　교사의 독려에 의해 그림에 이야기가 많아지고 풍부해진 경
우이다. 평소에는 한두 가지 도상을 그리고는 그만두곤 하던
아이였는데, 선생님과 상호작용을 하면서 재미있게 그렸다. 그
런데 옆에서 보고 있던 경수가 샘이 난 듯 끼어든다.

경수 : 나도 배 그릴 수 있는데…….

교사 : 그럼 경수도 그려 봐.

경수 : (돛단배 같은 모양을 검정색 선으로 그린다.) 이게 배예요.

교사 : 색도 칠해 줬으면 좋겠어.

경수 : (색을 칠하기 시작한다. 배 밑으로 약간의 바다를 그린다. 그러더니 하늘에 동글동글한 모양도 그린다.)

교사 : 이건 뭐야?

경수 : 이건 바람이고요, 이건 구름이에요.

교사 : 바다를 더 많이 그렸으면 좋겠다.

경수 : (바다를 더 칠한다. 그러더니 왼쪽에 무언가 그린다.) 이게 뭔 줄 아세요?

교사 : 뭐야?

경수 : 거북이예요. 물고기를 더 그릴까? (오른쪽에 형광색으로 그림을 그리고 물끄러미 보더니) 요건 고래예요, 고래. (등에 분수 같은 것을 그린다.)

교사 : 새도 그리면 좋겠다.

경수 : (하늘에 새 모양을 그린다.) 다 그렸어요. 갈매기예요.

교사 : 눈도 있고 입도 있으면 좋겠다.

경수 : 빨간색으로 눈을 그릴 거예요. (빨간색으로 점을 찍는다.)

교사 : 입도 그려 줘.

경수 : 이게 입이에요. (이미 그렸다는 듯이 앞쪽을 가리킨다.)

교사 : 그래도 부리를 그려 줘야지. 뾰쪽하게.

경수 : (앞쪽에 첨가하여 뾰족하게 그린다.)

교사 : 잘했어. 오늘 참 멋진 그림을 그렸구나.

경수는 평소에도 적극적으로 하는 아이였지만, 선생님이 신영이를 칭찬하는 것을 보면서 더욱 열심히 그리기를 해냈다.

이런 장면을 늘 기대할 수 있는 것은 아니지만 함께 하는 활동은 때때로 역동적인 장면을 연출한다.

또 다른 사례를 보자.

☞ 1-24처럼 짝꿍이 개구리를 그렸는데 그럴듯한 것이다. 승수는 그걸 보고 개구리를 그리고 싶어졌다.

승수 : 선생님! 개구리 어떻게 그려?

교사 : 그려 봐, 네가.

승수 : 못 그리는데……?

교사 : 아냐. 승수가 그리면 그게 개구리가 될 거야.

승수 : (뭔가 모양을 그리다가) 이거 아닌데? (다시 시도하다가) 아닌데? (다시 그려 보다가 마구 X 표를 한다.) 안 되는데? 선생님이 개구리 해 줘!

교사 : 아냐. 네가 그리면 그게 개구리가 될 거야. 할 수 있어.

승수 : (새로운 종이에 다시 그리기 시작한다. 눈도 그리고 했지만, 마음에 안 드는 모양이다.) 선생님! 선생님! 안 돼! 안 되잖아! (마구 소리 지른다. 안 되는 상황이 참을 수 없는 모양이다. 울먹이기 시작한다.)

교사 : (차분하게) 아냐. 괜찮아. 올챙이가 나중에 개구리가 되잖아. 네 그림도 네가 그리면 그렇게 될 거야.

승수 : (새로운 종이를 들고 시도를 한다. 이번에는 진정하고 좀 더 집중력을 가지고 그린다. 발 같은 것을 다 그려 나간다.)

교사 : 어때? 잘되어 가니?

승수 : 아니야. 이건 개구리가 아니야. (마구 X 표를 한다. 그리고 새로운 종이를

▱▷ 1-24

4세 아동의 그림. 개구리를 그린 그림이다.

그리기

☞ 1-25

4세 아동의 그림.

☞1-24를 보고 나서 다른 아이가 시도한 개구리 그림들이다.

들고 와 다시 그린다. 앞의 그림과 별반 다를 바가 없다. 그런데 그림이 커지고
더욱 천천히 차분하게 그리기 시작한다.)

교사 : (지켜보다가) 이번에는 어떠니? 잘된 것 같지 않니?

승수 : 네, 잘됐어요. 잘됐어요. (만족한 표정이다.)

세 번째 한 것과 네 번째 한 것이 그리 차이가 나는 것 같지는
않았지만, 아이는 어쩐 일로 그것에 만족해했다. 스스로 충분
히 했다는 만족감이 들었던 것일까. 선생님의 지지가 큰 몫을
했는지도 모른다. 아이는 친구와 선생님 사이에서 그렇게 스스
로 자신을 만들어 나간다. 교실의 상황은 아이의 성장통을 형
성하면서 성장의 과정을 만든다.

7

보고 그리기의
시작

          한 아이가 빨간 승용차 장난감을 들고 그리고 싶어 한다. 차를 들고 오랫동안 만지작거렸으나 결국 평소 잘 그리던 파란 버스를 그리고 말았다. 두루뭉술하게 생긴 승용차는 멋지게 생겼지만, 네모반듯한 버스와 달라 그 형태를 가늠해서 그려 낼 수가 없었던 모양이었다.

  그러자 옆에서 그 상황을 빤히 보고 있던 다른 아이가 자기가 해 보겠다고 성큼 나섰다. 승용차를 보며 몸통부터 그려 나가는데 꼭 닮지는 않았지만, 어쩐지 분위기가 비슷하였다. 천천히 승용차 장난감을 관찰하면서 조심스럽게 그려 나가는 것을 보니 평소에 익숙하게 그려 보던 그림은 아니었다. 나도 전에는 그 아이가 자동차를 그리는 모습을 본 적이 없었다. 그러니까 그런 자동차 모양을 처음으로 막 그려 내고 있는 중이라고

▭▷ 1-26

4세 아동의 그림. 빨간색 승용차를 그리려다 끝내 파란색 버스를 그리고 끝냈다.

그리기

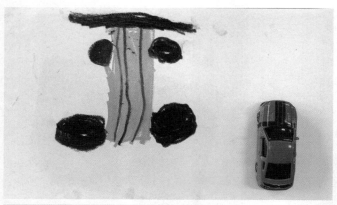

☞ 1-27

4세 아동의 그림. ☞ 1-26의 활동을 지켜보던 옆의 아이가 그리기 시작한 자동차 그림들이다.
점점 이야기가 많아지고 있다.

할 수 있다. 앞바퀴는 작고 뒷바퀴는 크고 줄무늬가 있는 것으로 보아, 경주용 자동차의 이미지를 떠올려 그려 내는 것이 아닐까 추측할 수 있었다. 그것은 이미 아이의 경험 속에 있던 이미지였던 것이다. 그렇지만 아이는 자신의 그림에 매우 흡족해하며 스스로 해냈다는 성취감에 으쓱해했다. 그 뒤로 아이는 줄곧 경주용 자동차 그림을 그려 나가기 시작하였다. 다음 시간에도 그 다음 시간에도 경주용 자동차에 다양한 변주를 하며 그림을 만들어 나갔다. 급기야는 자동차 경주장을 그려 내는 데까지 나아갔다. 관객도 그리고 관객이 빠져나가는 비상 출구까지 그리면서 말이다. 첫 번째 아이는 새로운 대상의 그림을 그리려다 끝내 좌절하고 말았지만, 이를 넘어선 다른 아이는 또 다른 그림의 세계로 달려갈 수 있었다. 더 많은 두려움에 가로막혔던 첫 번째 아이도 언젠가 그 벽을 넘어 나아갈 기회가 올 것이다.

좀 펄쩍 뛰어서 9세 아이의 그리기로 가 보자. 초등학교 3학년 때의 활동이다. ☞ 1-28을 그린 아이는 보고 그리기를 본격적으로 시도하고 있는 중이었다. 제대로 된 보고 그리기는 처음인 듯했다.

그런데 아이가 그린 튤립 모양이 좀 이상하다. 튤립의 꽃잎은 위로 나 있음에도 아이는 여러 번 고쳐 그린 끝에 아래로도 나 있는 꽃잎을 그리고 말았다. 줄기의 이파리는 열심히 닮게 그린 것에 비해 꽃잎은 다르게 그린 것이었다. 이 시기 아이들이 일반적으로 그리는 꽃의 모양을 생각해 보면 그 이유를 충

28

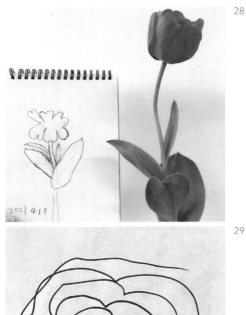

29

☞ 1-28 ┃ 9세 아동의 그림. 튤립을 보고 관찰하여 그린 것이다.
☞ 1-29 ┃ 9세 아동의 그림. 꽃을 그린 다른 아이의 그림이다.

☞ 1-30

9세 아동의 그림. 위쪽은 튤립의 싹을 보고 관찰하여 그린 것이고
아래쪽은 꽃이 활짝 핀 식물을 보고 그린 것이다. 비스듬하게 보이는 꽃을 그리기 어려워했다.

분히 알 수 있을 것이다. ▷1-29처럼 말이다. 아마도 아이의 머릿속에 자리 잡은 꽃의 이미지는 이처럼 꽃잎이 사방으로 나 있는 모양일 것이다. 그러니 이 새로 만난 꽃의 꽃잎이 한쪽으로만 나 있다는 것을 받아들이기 어려웠던 것이다. 그리하여 여러 번 시도한 끝에 결국 꽃잎이 위, 아래로 나 있는 것으로 타협을 해낸 것 같다. 그림은 눈에 보이는 대상과 자신의 머릿속의 이미지가 사투를 벌인 결과인 셈이다.

▷1-30에서 비슷한 상황을 목격할 수 있다. 둘 다 같은 아이가 그린 것인데, 위쪽 그림의 튤립은 시선에 따라 최대한 보이는 대로 그렸음에도 아래쪽 그림은 실제 보이는 것과 다르게 꽃이 바짝 앞으로 젖혀져 동그랗게 그리고 있다. 아래쪽 그림에서 날짜가 적힌 부분의 아래를 자세히 보면 실제 보이는 것처럼 비스듬하게 그리려 시도했던 흔적이 있다. 그런데 그리다 보니 아무래도 꽃 같지 않다고 여겼을 것이다. 그래서 지우개로 박박 지우고 그 왼쪽에 둥글게 꽃처럼 다시 그린 것이다.

보고 그린다는 것에는 이러한 어려움이 따른다. 이는 아이들뿐 아니라 어른들에게서도 나타나는 모습이다. 그리기는 머릿속에 자리 잡고 있는 이미지와 눈에 보이는 것과의 차이가 가진 갈등을 담아낸다. 대체로 시선을 따라 그리는 그림을 잘 그린 것이라 말한다. 생생한 느낌을 가지기 때문이다. 그러나 반드시 그렇다고 말할 수는 없다. 무엇을 기준으로 하는가에 따라 다를 수 있다.

8

본격적으로
보고 그리기

아이들은 9~10세 전후로 해서 보이는 것과 그려진 것의 차이를 두드러지게 의식하기 시작한다. 머릿속의 이미지와 눈에 보이는 것이 다르다는 것을 또렷하게 인식하는 시기이다. 자신의 외부에 있는 객관성의 세계를 알기 시작한다고 할 수 있다. 그러면서 그것과 일치하고 싶은 욕구가 강해진다.

그러나 그것은 쉽지 않다. 어떤 아이들은 몇 차례 시도 끝에 안 된다는 것을 발견하곤 곧바로 좌절하기 시작한다. 갑자기 그리기가 어려워진다. 이것을 해결하지 못하면 아이들은 미술 활동, 특히 그리기 활동을 자신들과 거리가 먼 일로 치부해 버리게 될 수 있다. 그것을 잘 해내는 다른 친구와 비교를 하면서 특히 깊은 좌절감에 빠진다.

🖚 1-31

10세 아동의 그림. 위쪽의 그림은 정원의 창포를 보고 처음 그려 낸 것이고
아래쪽은 교사의 지도를 받으며 다시 그려 낸 것이다.

나는 이런 아이들을 돕기 위해 애썼다. 아이들이 어느 순간에 좌절하는지 살펴보고 때맞춰 지원하는 데 힘을 다했다.

4학년 때의 활동이다. ☞ 1-31에서 수연이는 정원의 창포를 그리기 시작하였다. 그러나 어찌 그려야 할지 난감해하다가 위쪽의 그림을 그리고 끝냈다. 나는 그런 수연이를 관찰하면서 그리기 이전에 풀잎을 찬찬히 살펴보는 데 실패하고 있다는 것을 알 수 있었다. 무더기로 있는 풀잎 앞에서 시선을 어디에 둘지 몰라 했다. 풀 이파리를 하나하나 관찰할 수 없으니 그것을 제대로 그릴 수도 없는 것이었다. 그러고는 머릿속에 자리 잡고 있는 풀 이미지를 그려 놓고 낭패스러워했다.

나는 수연이에게 관찰하는 방법부터 가르치기 시작하였다. 저리 많은 풀잎이 있지만, 다른 것은 다 무시하고 그중 하나의 풀잎만 바라볼 것을 권하였다. 그리고 그것을 손으로 짚어 보라고 했다. 그런 다음 그것만 보이는 대로 그려 보라고 했다. 그렇게 풀잎 한 개가 완성이 되자 그 옆의 것을 보고 첨가하여 그려 보라고 했다. 이번에는 그 뒤에 있는 것도 그려 보라고 했다. 그렇게 풀잎을 하나씩 하나씩 그려 가도록 했다. 그리하여 완성한 게 아래쪽 그림이었다. 그러니까 이는 그림 실력의 문제가 아니라 찬찬히 살펴보는 힘의 문제였던 것이다.

나는 하영이의 경우에도 똑같은 방법을 적용하였다. ☞ 1-32의 그림에서 하영이는 처음에는 무언가 그려 보려 하다가 결국 뾰족한 잔디 이파리 두 개를 그리고 끝을 냈지만, 수연이를 지도

⇨ 1-32

10세 아동의 그림. 왼쪽은 운동장의 잔디를 보고 처음 그려 낸 그림이고 오른쪽은 교사의
지도를 받은 후 다시 그려 낸 것이다.

한 것처럼 잔디 이파리를 한 개 한 개 그려 첨가하게 하여 오른쪽처럼 그려 내는 성과를 얻었다. 나는 이로써 보이는 대로 그린다고 하는 것은 단지 그리는 능력이 아니라 찬찬히 살펴보는 힘이라는 것을 확인할 수 있었다.[*]

일반적으로 미술 지도에서는 큰 것부터 작은 것으로 그리고, 전체적으로 구도를 생각한 후 점점 세부를 그린다고 가르쳐 왔다. 나도 그런 식으로 그림을 배웠다. 그런데 그것은 한 장의 종이 안에 화면을 구성해 내는 기법이었지 정작 관찰하는 방법은 빠트린 것이라 할 수 있었다. 이때부터 나의 지도법은 그 반대가 되었다. 작은 것을 그리는 것부터 하게 하였다. 전체를 그리기보다는 부분을 그리는 데서 먼저 시작하도록 말이다.

3학년 시기에 한 눈 그리기가 대표적이다. 사람을 그리기 전에 눈을 먼저 그려 보는 활동이었다. 눈을 그릴 때도, 눈동자→눈→눈썹 순서로 그려 나가게 했다. 그러니까 하나하나 나눠서 관찰을 하게 하는 것이다. 아이들은 눈동자를 들여다보았고 눈썹의 모양과 방향들을 살펴볼 수 있었다. 그리고 그것은 그림에 그대로 반영되었다.

4학년 시기에 본격적으로 시작한 인물 그리기에서도 그 방법을 그대로 도입하였다. 담임 선생님께서 모델을 서 주셔서

---

[*] 그리기를 두려워하는 아이들은 대체로 앞의 풀밭 사진처럼 단순한 대상을 선택하려 하는데 그것이 그리기 쉬울 것이라 여기기 때문이다. 그러나 실은 이리 무더기로 있는 대상이 더욱 그리기 어렵다.

33

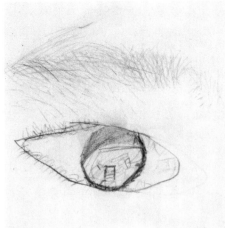

34

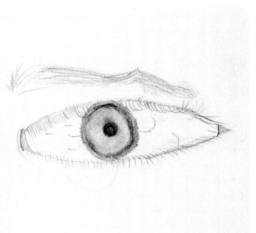 1-33 ㅣ 9세 아동의 그림. 눈동자, 눈 안의 실핏줄, 눈썹 등을 보이는 대로 그려 내고 있다.

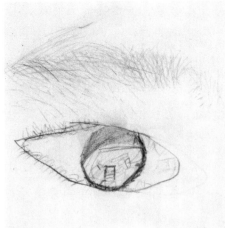 1-34 ㅣ 9세 아동의 그림. 눈동자 안에 비친 영상을 그대로 그려 내고 있다.

활동은 수월하게 진행되었다. 2개 학급에서 수업을 했기 때문에 두 분의 선생님께서 모델이 되어 주셨다.* 나는 아이들에게 사람의 전체 모습을 보지 말고 우선 눈을 중심으로 얼굴을 집중하여 보고 점점 머리, 몸으로 확장하여 그려 나가도록 했다.

그러다 보니 처음에 눈과 얼굴을 크게 시작하면 인물이 커지고 작게 시작하면 인물이 작아졌다. ☞ 1-35, ☞ 1-36, ☞ 1-37을 보면 종이 안에서 인물의 크기가 제각각이다. 그럼에도 아이들은 인물에 최대한 집중할 수 있었고 그것으로 충분하게 '보고 그리기'를 해냈다. ☞ 1-35를 보면 다른 부위에 비해 머리 부분이 아주 세심히 그려져 있다. 시작 단계에서는 집중력이 높았다가 몸으로 가면서 점점 집중력이 떨어졌음을 알 수 있다. 아이들마다 집중력에 차이가 있는 것은 자연스러운 일이다. 또한 솜씨는 제각각이지만 나름 인물의 특징에 집중하며 표현하고 있다는 것도 느낄 수 있다. 그만큼 아이들은 스스로 성취감을 가졌다. 적어도 그림을 그리는 동안에는 다른 친구와 비교하지 않고 자신의 그림에 집중하는 모습을 볼 수 있었다. 하나하나 관찰하여 덧붙여 나가는 동안 자신도 모르게 활동 속에 빠져든 것이다.

☞ 1-38은 같은 아이의 그림인데, 왼쪽은 4학년 때 선생님을

---

* 한 학년 2개 반이 동시에 수업을 진행하였다. 담임 선생님과 사전에 수업 계획을 공유하고 협력하면서 진행하는 방식이었다. 그리하여 3학년부터 6학년까지 중단 없이 수업을 지속할 수 있었다.

35 36

37

▣ 1-35 │ ▣ 1-36 │ ▣ 1-37

10세 아동들의 그림. 두 개 반의 담임 선생님을 모델로 하여 그린 그림이다.

보고 그린 것이고, 오른쪽은 5학년 때 친구를 보고 그린 것이다. 인물의 비례나 구조 등에 대한 인식과 그것을 그려 내는 힘이 훨씬 성장했음이 보인다. 그런데 5학년 시기에 친구 모습을 그릴 때는 얼굴을 그리지 않았다. 비단 이 아이만 그런 것은 아니다. ☞ 1-39의 경우 아이는 얼굴 그리기를 여러 번 시도하다가 결국 포기하고 말았다. 4학년 때의 선생님 그리기는 앞모습이었던 반면 5학년 때 친구 그리기는 옆모습이었던 데서 당황했던 것이었다. 알고 있는 것처럼 코가 얼굴의 중앙에 있지 않았고, 눈도 얼굴 옆으로 치우쳐 한쪽 눈만 보일 뿐 아니라 그것도 반쪽만 보였다. 그러니까 코가 가운데 있고 그 양쪽으로 눈이 있다고 알고 있는 얼굴과 보이는 얼굴의 차이가 너무 큰 것을 감당할 수 없었다. 알고 있는 것은 생각하지 말고 이상하더라도 그냥 보이는 대로 그려 보라고 말해 줘도 끝내 해내지 못했다. 이에 나는 "할 수 있는 것을 할 수 있는 만큼 충분히 해냈고, 학년이 올라가면 더 잘 해내게 될 수 있을 것"이라고 격려하면서 활동을 끝냈다.

⏵ 1-38

10세, 11세 아동의 그림. 왼쪽은 4학년 때 선생님을 정면에서 보고 그린 것이고,
오른쪽은 5학년 때 친구의 옆모습을 보고 그린 것이다.

그리기

🔖 1-39

11세 아동의 그림. 친구의 모습을 보고 그린 그림이다.

9

'보고 그리기'란
무엇일까

미술 수업을 할 때 나는 말로 설명해 주기는 하지만 따로 그리는 법의 본을 보이지는 않았다. 보고 그리기 수업도 마찬가지이다. 본을 보이지 않는 이유는 명백하다. 무엇보다도 아이가 의존하지 않고 스스로 해낼 기회를 막지 않기 위해서다. 만일 본을 보이게 되면 선생님이 제시한 이미지를 따라 하게 되면서 스스로 할 기회를 잃어버릴 수 있다.

그런데 여기서 중요한 것은 제시되는 이미지와 실제 사물 사이에는 건널 수 없는 먼 거리가 있다는 사실이다. 이미지는 말 그대로 이미지일 뿐이다. 실재가 아니다. 그러니까 이미 재현된 것이다. 또한 그 재현은 특정한 메커니즘을 따르기 마련이다. 흔히 보고 그리기를 사진처럼 그리기로 오해하는데 사진과 눈으로 보는 것에는 커다란 차이가 있다. 직접 스케치를 해 본 사람이라면 그 차이를 쉽게 알 수 있다. 사진은 사물과 다르게 납작할 뿐 아니라, 하나의 렌즈 구멍으로 재현된 이미지로 붙박여 있다. 그러나 눈으로 보는 상황은 매우 시공간적이다. 그것은 보는 각도와 시선의 깊이에 따라 변화하는 역동적인 광경을 형성한다. 실재를 마주하는 느낌이라는 것이 있다. 그래서 사람마다 다른 현장성과 감흥이 있다. 게다가 그리는 사람마다 다른 손맛도 있다. 이러한 총체 속에서 그 사람만의 독특한 이미지의 세계가 형성되는 것이다.

우리는 이미지의 홍수 속에 산다. 이미지는 그 누군가에 의해 또 어떤 기술적 메커니즘에 의해 만들어진 것이다. 특정한 방식으로 정돈되고 손질되어 익숙한 방식으로 가공된 것들이다. 그러나 이미지 너머에 실재가 있다.

일반적으로 '보고 그리기'에서 사람들은 '그리기'에 방점을 찍는 경향이 있다. 어떻게 하면 잘 그릴 수 있는지에 더 관심을 가진다. 그렇지만 '보고 그리기'에서 핵심은 '보고'에 있다. 그 실재를 보는 일이다. 순간순간 그리는 사람과 사물 간의 직접 만남이 성립된다. 아이들은 알고 있는 이미지와 실재가 가진 차이를 발견하게 되며 그 낯설음을 마주해야 한다. 이때 아이들은 당황한다. "헛, 이상한데?" 그러고는 그것을 어찌 해야 할지 막막해한다. 나는 그런 아이들에게 이상하게 보이면 이상하게 그리라고 한다. 알고 있는 것과 다르게 보이는 것을 감각적으로 받아들이도록 말이다. 그렇지만 아이들은 결국 알고 있는 것과 보이는 것 사이에서 절충할 수밖에 없다. 그런 식의 갈등을 반복하면서 아이들은 아는 것 밖의 세계로 한 발 한 발 다가간다고 할 수 있다. 그러니까 '보고 그리기'는 세상의 대상들을 온전히 자기 눈으로 찬찬히 마주하고 자신 안에 담아내는 과정인 셈이다. 성장기 어린이가 '보고 그리기'에 몰입해 봐야 하는 이유이다.

☞ 1-40은 옆얼굴을 그린 5학년 시기 아이들의 그림이다. 눈의 모양을 보면 각각 다르게 처리하였는데, 아이들마다 알고 있는 눈과 보이는 눈 사이에서 갈등을 겪으면서도 알맞은 타협을 통해서 그림을 그려 내고 있음을 알 수 있다. 물론 네 번째처럼 보이는 눈을 다른 친구들보다 더 충실히 재현해 내는 아이도 있다. 아이들마다 인지력과 표현력에 차이가 있기 때문이다. 그럼에도 아이들 각자 자신에게 알맞은 방식으로 대상을 수용해 내는 과정을 지켜볼 수 있다. 그렇게 아이들은 자신에게 알맞게 세상을 그려 내는 것이다. 교사는 그 여정에서 아이들이 좌절하지 않고 자기의 길을 가도록 돕는 역할을 해야 한다.

피카소*는 아는 것과 보이는 것의 갈등과 통합을 보여 준 대표적인 화가이다. 피카소는 보이는 대로 그려 내는 데 뛰어난 화가였지만, 동시에 그린다는 것이 가진 그러한 절충 과정을 잘 알고 있었던 것이다. 그래서 피카소는 그 갈등을 노골적으

* 파블로 피카소(Pablo Picasso). 1881년 스페인에서 태어나 프랑스에서 활동한 입체파 작가.

☞ 1-40

11세 아동들의 그림. 측면에서 본 친구의 얼굴인데, 옆모습의 특징, 특히 눈의 모습을 각자 나름대로 그려 내고 있다.

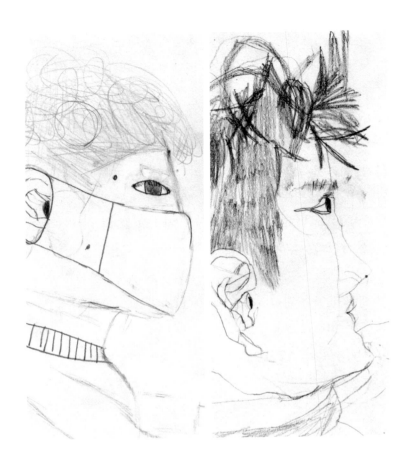

로 드러냄과 동시에 조형적으로 통합시켜 내는 성취를 거두었다. 그의 작품은 옆에서 본 코와 앞에서 본 코, 앞에서 본 눈과 옆에서 본 눈이 하나의 그림 안에 공존을 하며 뛰어난 조화를 보여 준다.

☞ 1-41을 보자. 친구의 옆모습을 그리는데, 팔 그리기를 여러 번 시도하다가 결국은 안 그리는 것으로 마무리하고 말았다. 분명히 팔은 몸의 양쪽에 달려 있어야 하는데, 옆모습이다 보니 팔이 몸 한가운데 들어와 있는 것이다. 아이는 그것을 그릴 수 없었다. 팔은 몸의 양쪽에 달려 있다는 인식과 충돌하여 감당이 안 되는 것이었다. ☞ 1-42 피카소의 자화상을 보면 팔이 배에서 불쑥 튀어나와 달려 있다. 피카소는 이런 난제를 알았을 것이며 그것을 조형적으로 흥미롭게 소화해 냈다. 나는 이런 피카소의 그림들과 아이들의 그림을 비교하여 보여 주었고, 아이들은 피카소를 통해서 그림이란 정해진 정답이 없으며 나름의 방식대로 재미가 있다는 것을 알게 되었다. 그러니까 우리에게는 고정 관념으로서 이미지가 자리 잡고 있지만, 시시각각으로 변하는 상황과의 거리 속에 부단히 새로이 형상을 인식해야 하는 것이다.

이미 말했듯이 '사진＝보이는 것'이라는 등식은 오인일 뿐이다. 그럼에도 우리는 '사진처럼' 그려야 한다고 여긴다. 사진이 진실인 것처럼 우상이 되어 우리를 지배하는 것이다. 사진을 얼마든지 조작하고 있음에도 그렇다. 나는 그래서 사진도

41 42

▷ 1—41 │ 11세 아동의 그림. 친구의 옆모습을 보고 그렸는데 팔과 손을 그리려

여러 번 시도하였지만 결국 포기하고 말았다.

▷ 1—42 │ 피카소의 자화상.

파블로 피카소(Pablo Picasso), 캔버스 앞에 선 예술가(The artist in front of his canvas), 1938,

캔버스에 목탄, 130×94cm

11세 아동들의 작품. 5학년 시기의 활동으로서 자신과 친구들의 얼굴 사진 조각을
콜라주 한 후 채색하여 완성하였다.

조작될 수 있고 또한 조작을 통해 새롭게 바라볼 수 있다는 것을 아이들이 경험하게 하고자 했다. 그러한 활동 결과는 피카소의 그림들과 비교되며 표현의 융통성과 역동성에 대해 경험케 해 주었다. 사진 콜라주는 인물 그리기의 마지막 활동으로 자리하였다.

10

잘 그리는 아이

아이들에게 '잘 그리는가, 못 그리는가' 하는 것은 매우 민감한 일이다. 아이들 사이에서 '누구는 잘 그린다', '누구는 못 그린다'라는 비교는 끊임없이 벌어진다. 우월감과 열등감이 생겨나고 그로 인해 누군가는 좌절하고 부끄러워하여 그리기를 회피하게 되기도 한다.

실제로 어떤 아이에게 쉬운 일이 어떤 아이에게는 매우 어려운 일이 된다. 관찰력이나 표현력에서 타고난 차이가 있으며 그것은 그림으로 드러난다. 나의 경우 수업이 끝나면 그림들을 모아 놓고 함께 비평하는 시간을 가졌다. 3학년부터 그랬는데, 어떤 아이는 그림을 보여 주지 않으려 하고, 보여 주더라도 숨어 버려서 그 자리에 나타나지 않았다. 그러다가 자리가 계속되자 점점 자연스러워지고 편안해지는 것을 확인할 수 있었다.

어떤 아이는 1년 이상 그런 행동을 반복했지만 5학년쯤 되니 더이상 그 같은 행동을 하지 않았다. 시간이 지나면서 스스로 성장하고 있다는 것을 확인한 결과였다. 여전히 어떤 친구는 더잘 그리지만, 자신도 변화하고 있음을 목격할 때 아이는 그만큼 자신감을 가지고 활동했다. 무엇보다도 탐구하고 시도하는데 즐거움이 있다는 것을 알게 되며 활동에서 그런 노력을 기울이는 만큼 떳떳해졌다.

이때 교사의 역할은 결정적이다. 교사는 아이들을 하나하나세심히 관찰하여 어디서 어려움을 겪는지 살펴야 한다. 그리고그것에 알맞은 조언을 할 때 아이가 손톱만큼이라도 성취한 부분을 발견하여 격려해야 한다.

그런데 무엇이 잘 그린 것인가 하는 기준은 아이들의 문화속에서 형성되었기 때문에 그 관점에 따라 다를 수 있다는 것을 확인할 필요가 있다. 아이들은 오히려 그것을 배워야 한다. 그래야 관습적인 기준에서 벗어나 자기 방식의 탐구와 표현에대해 자긍심을 가질 수 있게 된다. 관습이 아니라 자신에게서기준을 발견해 갈 때 다른 사람의 눈치를 보지 않고 자기표현에 몰입할 수 있게 된다.

서로 짝꿍의 눈을 보고 그리는 활동이었다. 눈동자를 먼저그리고 눈꺼풀, 눈썹을 차례로 그려 나가도록 했다. 하나하나 충실하게 관찰할 수 있도록 하기 위해서였다. 순영이는 ▭▷1-44에 보이듯이 눈동자에 비친 창문과 제각각 난 눈썹을 하나

하나 보며 그리려 애쓰고 있었다. 그러나 활동이 끝난 뒤 짝인 영지가 그린 ☞ 1-45를 보자 자기 그림에 대해 크게 실망하는 것이었다. 영지 그림은 정말 눈 같은데 자기 그림은 눈 같지가 않다는 것이었다. 영지는 우리가 흔히 알고 있는 것처럼 눈을 예쁘게 그려 내고 있었다. 그러나 가만히 그림을 살펴보면 영지는 보이는 대로 그리고 있지 않다는 것을 알 수 있다. 보이는 대로라기보다는 그렇게 그려야 한다고 알려진 대로 섬세하게 그리고 있었다. 그 결과 전체적으로 그럴듯하고 예쁘게 그린 눈이 완성되었다. 그림을 잘 그린다고 친구들 사이에서 부러움을 받는 아이답게 말이다.

나는 이에 순영이의 그림이 왜 훌륭한지 실제 눈과 비교해 가며 설명해 주었다. 보고 그리기에서 중요한 것은 보이는 것을 충실하게 관찰하여 표현하는 것이며, 그런 면에서 매우 훌륭한 그림이라고 말해 주었다. 흔히 교실에서 잘 그린 그림이라는 모범적인 기준이 작용하고 있기에 아이들이 자신의 표현을 믿고 추구해 가는 데 많은 난관들이 있다. 그럼에도 자신의 표현을 찾아 한 걸음 한 걸음 나아가는 것이 미술 활동의 과정이라 할 수 있다.

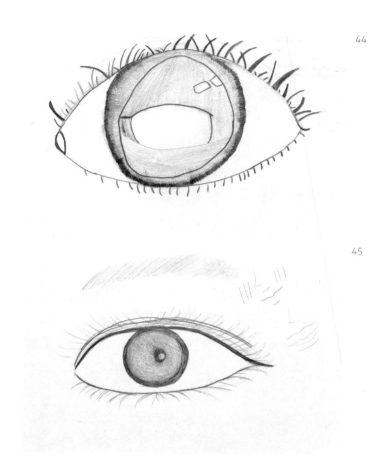

44

45

☞ 1-44 ┃ 9세 아동의 그림. 보이는 대로 관찰하여 그리는 데 최선을 다하고 있다.

☞ 1-45 ┃ 9세 아동의 그림. 보이는 대로 그리기보다는 예쁜 눈을 그리려 하고 있다.

그리기

안 그리기

깜지 활동으로부터

깜지 활동의 확장

매체 탐구로서 깜지

에필로그 – 깜지를 고집하는 아이

1

깜지 활동으로부터

3학년 첫 시간. 일명 깜지*라고 명명된 그리기 활동으로부터 시작한다. 난 아이들을 만난 첫 시간에 종이와 4B 연필을 주고 '종이에 까맣게 칠하라'라는 과제를 주었다. 아무것도 그리지 않고 까맣게만 칠하는 활동은 이후 매 학기 첫 시간과 마지막 시간의 활동이 되어 6학년까지 계속되었다.

여기에서 중요한 것은 '아무것도 그리면 안 된다'는 것이었다. 아무것도 그리지 않는다는 말에 처음엔 아이들이 의아해했다. 어떤 아이는 아무것도 그리지 않는다는 것을 받아들이지

---

* 요즘은 사라졌지만, 영어 단어나 글자를 숙제로 혹은 벌로 종이가 까매질 때까지 써 오게 하는 활동의 이름이었다. 종이가 까매질 때까지 글을 써야 하니 깜지가 된 것이다.

못했다. 그렇지만 이 활동에는 두 가지 목표가 있었다. '미술' 하면 무언가를 그려야 한다는 고정 관념으로부터 아이들이 벗어나도록 하고자 하는 것이었다. 또 하나는 종이와 연필을 그리기의 도구 이상으로 경험해 보기 위함이었다. 종이가 까매지도록 연필을 문지를 때, 아이들은 그리기 도구 이상, 그 자체로 물건 혹은 물질로서 연필과 종이를 만날 수 있게 된다. 문지르는 소리와 함께 그 촉감과 질감을 충분히 경험하게 되는 것이다. 연필의 색 또한 단지 까만 것 이상의 다양한 느낌으로 다가온다.

처음에는 한 학기를 시작하는 준비 운동쯤으로 생각하였지만 의외로 회를 거듭하게 되었다. 그리고 회를 더해 갈수록 그 이상의 효과를 불러일으키게 된다는 것을 아이들도 나도 깨달았다.

아이들이 해낸 깜지를 하나하나 살펴보면서 발견한 흥미로운 점은 아이들마다 각각 다른 방식으로 까맣게 칠하고 있다는 것이었다. 나는 이를 바탕으로 2학기에 깜지 활동을 이어 갈 수 있었다. 2학기에 다시 깜지 활동을 하면서 나는 아이들에게 1학기 때 한 첫 번째 활동 결과들을 보여 주었다.

"선생님은 그냥 까맣게 칠하라고만 하였건만 놀랍게도 친구들마다 다 다른 방식으로 칠하였구나! 참 흥미롭지 않니? 우리는 무엇인가를 그리지 않지만 색을 칠하는 방식만으로도 무엇인가를 표현할 수 있구나! 각자 자신의 느낌이나 태도를 나타

☞ 2-1

9세 아동들의 활동. 3학년 1학기 시기 처음 연필로 한 깜지 활동의 결과물이다.

내고 있어. 자, 이제 그러면 좀 더 본격적으로 재미있는 방법이나 느낌을 탐구해 보지 않을래?”

그렇게 이야기한 뒤 다시 종이와 연필을 주었을 때, 아이들은 단지 까맣게 칠하는 것을 넘어서 다양하게 표현의 방법과 효과를 탐구하기 시작하였다. 다양한 기법이 나왔을 뿐 아니라 더욱 열중하면서 다른 친구들의 작품과 비교하며 아이들은 각자 나름의 성취감을 느끼게 되었다. 깜지 활동이 점점 더욱 재미있어진다는 것을 경험하였고 이로써 매 학기 깜지로 활동을 시작하고 끝내는 것에 대한 기대감도 가지게 되었다.

이는 교사의 역할이 얼마나 중요한지 보여 주는 대목이다. 만일 교사가 그저 매 학기 깜지 활동을 하는 것을 정하여 놓고 다른 개입 없이 관습적으로 반복하게 했다면 아이들은 이것을 계속할 힘을 얻지 못했을 것이다. 왜 또 하는지, 또 해서 어쩌자는 것인지 알 수 없기에 지루해했을 것이며 결국 지속할 수 없는 활동이 되어 버리고 말았을지도 모른다.

▱▷ 2-2

9세 아동 들의 활동. 3학년 2학기에 하게 된 2차 깜지 활동의 결과들이다.

안 그리기

2

깜지 활동의
확장

　4학년 1학기 시작 활동에서는 새로운 동기를 부여하기 위해 종이 사이즈에 변화를 주었다. 3학년 시기에 A4 사이즈 종이만을 준 것과 다르게 8절, 4절 사이즈를 추가로 준비하였다. 사실 종이를 연필로 전부 새까맣게 칠한다고 하는 것은 힘든 일이었다. 특히 그 나이의 어린이들에게는 고된 노동이었을지도 모른다. 그런데 4학년 활동에서는 종이가 더 커진 것이다. 당황스러울 수 있는 상황이 아이들에게 새로운 동기를 불러일으킬 것이라고 나는 기대하고 있었다. 그리고 아이들은 기대를 저버리지 않았다.

　여러 아이들이 큰 종이에 도전하였다. 그리고 아이들은 친구들과 함께 해도 되냐고 물었다. 나는 얼마든지 그렇게 하라고 하였다. 몇몇 아이들이 기다렸다는 듯이 함께 모여 앉았다. 큰

3

4

☞ 2-3 ㅣ 10세 아동들의 활동. 그룹 활동으로 한 깜지 활동이 놀이 활동으로 변모하고 있다.
☞ 2-4 ㅣ 10세 아동의 활동. 혼자 한 깜지 활동으로 최대한 검게 하고자 최선을 다하고 있다.

안 그리기

종이에 같이 연필로 색을 칠하기 시작했다. 그저 까맣게 칠하기만 하는 일임에도 함께 하니 훨씬 즐거워 보였다. 어떤 아이들은 손바닥으로 문지르기도 하고, 종이나 다른 재료를 이용하여 문질러 표현하면서 공동 작업을 해냈다. 여럿이 같이 활동하자 그것은 일종의 놀이처럼 변모하기 시작했다.

그중 가장 흥미로웠던 경우는 뱅뱅 돌며 칠하기를 시작한 팀이었다. 4명 정도가 함께 하였는데 처음엔 서서 연필을 문지르다가 뱅뱅 돌기 시작하였다. 흥이 나자 점점 리듬에 맞춰 돌기 시작했고 속도도 빨라졌다. 이를 지켜보던 다른 아이들도 거기에 가세하기 시작했다. 점점 인원이 늘어났다. 연필을 흔들거나 콩콩 찍으면서 돌기도 하는 등 다양한 변주를 하면서 점점 고양되었다. 나중에는 더 많은 연필들을 주워 모아 잡고 흔들면서 뱅뱅 돌았고 교실은 흥의 도가니가 되었다. 조형적 감흥에서 행위적 감흥으로 확장된 것이다. 활동은 예측하지 못한 모습으로 변모했다.

물론 그런 친구들을 아랑곳하지 않고 혼자만의 작업에 열중하는 아이들도 있었다. 그 아이들은 자신이 얼마만큼 까맣게 칠할 수 있는지 그 한계를 실험하는 것처럼 보였는데, 그 또한 서로 경쟁이 되면서 연필을 문지르는 소리가 서로 공명했다. 손으로 문지르기도 하고 더 많은 연필을 모아 잡고 문지르기도 했다. 아이들은 종이와 겨루면서 서로의 에너지를 끌어올리는 상황을 연출했다. 그렇게 수업은 한판 신나는 놀이로 마무리되었다.

　1학기 말에 가서는 협력 활동을 활용하면서도 깜지를 좀 더 회화적으로 심화할 수 있는 기법을 익히도록 하고자 명암 표현을 도입하여 깜지 활동을 하였다. 4명씩 짝을 지어 하는 활동이었다. A4 사이즈 종이에 각자 연필로 까맣게 칠하되 4명이 다른 진하기로 해 보도록 하는 것이었다. 진하기의 순서를 정하여 칠하면서 서로 비교하고 맞춰 가며 그 진하기의 단계를 나타내도록 하였다. 좀 어려운 활동일 수 있음에도 아이들은 서로 협력하며 흥미롭게 활동을 전개하였다. 가장 진하게 칠하는 때에는 힘이 많이 들기에 서로 도와 칠하기도 하였다. 나는 이 활동을 통하여 아이들에게 명암이라는 것을 가르칠 수 있었다. 이것은 이후 학년이 올라가면서 점차 다양하게 활용된 명도 표현의 기초 학습이 되었다.

☞ 2-5

10세 아동들의 활동. 4명이 함께 하여 단계적으로 진하기를 조절하며 칠하였다.
이로써 아이들은 색의 명도 변화를 배웠다.

3

매체 탐구로서
깜지

  이후 깜지 활동은 다양한 매체로 확장해
갔다. 5학년 시기에는 색연필 혹은 물감을 사용하는 데 집중하
였다. 깜지라는 이름을 사용하기는 했지만 이전부터 해 온 물
감 활동과 연결되는 것이었다. 색을 사용하게 되니 더 이상 깜
지는 아니었지만, 아무것도 그리지 않는다는 원칙을 적용한다
는 면에서 깜지의 연속선상에 있다. 무언가를 그리지 않다 보
니 물감의 색상 자체에 더 집중할 수 있다는 장점이 있었다. 색
의 명도 차이나 색상을 가지고 나타낼 수 있는 다양한 효과도
학습했다.
  아무것도 그리지 않아야 한다는 규칙은 무엇보다도 아이들
로 하여금 매체의 특성에 집중하게 만들었다. 무언가를 그린다
고 할 때는 연필, 물감 등이 단지 재료에 불과할 수 있지만, 아

무엇도 그리지 않아야 한다는 원칙 아래서는 재료가 가진 특성이 전면에 등장하게 된다.

그리고 6학년 시기에 다시 연필과 종이로 되돌아왔다. 그러자 아이들은 연필로 칠한다는 활동에 집중했던 이전과 다르게 연필과 종이가 가진 물질적 특성을 발견하고 주목하는 모습을 보였다. 누가 먼저라고 할 수 없을 정도로 삼삼오오 혹은 개인적으로 흥미롭고 다양한 시도를 즐겼다.

☞ 2-6은 두 명의 아이가 공동으로 진행한 활동이었는데, 이런저런 시도 끝에 종이를 사정없이 구겼다 펴더니 구겨진 흔적을 따라 선을 그어 나갔다. 아이들은 스스로 특별한 행위를 했다는 자부심으로 뿌듯해했다.

☞ 2-7의 아이는 항상 진지한 모습을 보이고 주로 혼자 활동하였다. 때문에 늘 새로운 시도를 즐길 뿐 아니라 그 성과에 집착하는 모습을 보였다. 사진에서 보는 바와 같이 여러 개의 연필을 집어 들고 종이 위에 손바닥으로 마주 잡아 세우고 문지르는 행동으로 연필을 굴렸고, 종이에는 그런 연필의 움직임이 고스란히 드러났다. 그 흔적은 섬세한 떨림을 보여 주면서 감흥을 자아냈다.

이전의 활동에서는 연필이라는 속성에 좀 더 집중했다면 6학년 시기에는 종이가 가진 특성에 관심을 가지는 아이들이 여럿 있었다. 종이는 구겨지고 찢어지는 특성을 가졌다는 사실에 접근하자 더욱 흥미롭고 다양한 표현이 가능해졌다. 연필로

☞ 2-6

12세 아동들의 활동. 종이를 구긴 후 펴서 그 접힌 흔적을 연필로 따라 그렸다.

✏️➔ 2-7

12세 아동의 활동. 여러 자루의 연필을 잡고 종이에 댄 후 손으로 비벼 자국을 만들면서
종이를 채워 나갔다. 연필의 미묘한 진동의 흔적이 인상 깊게 나타났다.

콩콩 찍어 무수히 구멍을 내는가 하면 북북 찢어 칠하기를 하였다. 그러던 중 한 아이는 찢어진 종이 틈에 색을 칠하여 재미있는 흔적을 만들어 내기도 했다.

아이들이 연필깎이를 자주 사용하다 보니 가끔 비워 줘야 했는데 그것을 본 한 아이가 찌꺼기를 종이에 문질러 보는 시도를 하였다. 한번 시도가 이뤄지고 분위기가 형성되니 아이들이 경쟁적으로 새로운 도전을 하기 시작했다. 아이들은 미술 활동이 더 이상 그리기와 아무 상관없는 일인 것처럼 오히려 재료가 가진 특성을 탐구하고 즐기는 활동으로 자연스럽게 나아가게 되었다. 교사가 어떻게 하라고 아무런 지시를 하지 않았음에도 아이들은 스스로 그렇게 하기 시작했다. 재료의 특성에 이끌려 표현을 하고 즐기게 되는 그런 태도는 아마도 3학년 시기부터 미술 활동을 하며 누적된 에너지가 분출된 결과였을 것이다. 나는 이로써 깜지 활동은 마무리해도 괜찮을 것 같다고 생각했다. 물론 6학년 마지막 시간 또한 깜지로 장식해야 하겠지만 말이다.

☞ 2-8

12세 아동의 활동. 종이를 찢었다가 다시 서로 대어 놓고 그 틈을 연필로 색을 칠하여 흔적을 나타냈다.

안 그리기

123

☞ 2-9

12세 아동의 활동. 연필깎이 안에 담긴 연필 가루를 종이에 쏟고 손으로 문질러 나타내었다.

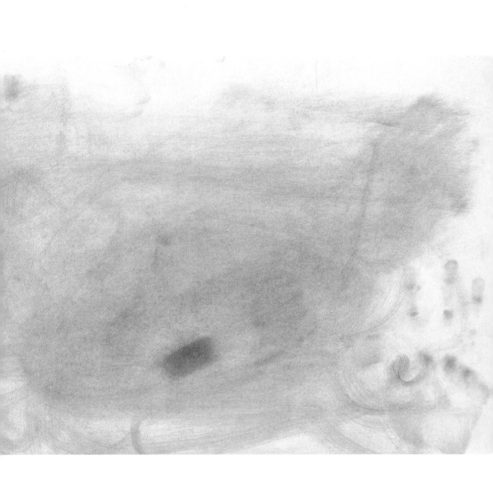

4

깜지를 고집하는 아이

　　　　　이제 깜지 활동은 마무리해도 좋겠다
고 생각했던 시점에도 여전히 새까맣게 칠하는 활동을 고집하
는 아이가 있었다. 하면서는 팔이 아프다고 이런 것 이제 그만
했으면 한다고 투덜댔다. 종이가 4절 사이즈로 커진 탓에 정말
혼자 힘으로는 할 수 없는 도전이었다. 그래서 나는 까맣게 칠
하지 않아도 된다고 다른 방법을 선택해 보라고 권했지만 끝내
포기하지 않았다. 🖝 2-10의 아이의 경우는 그래도 흐린 연필
을 사용하여 덜 힘들었지만, 🖝 2-11의 아이는 정말 새까맣게
시작하여 시간 내에 결코 끝낼 수 없는 작업이 되었다. 결국 가
운데를 눈동자를 연상하게 하는 방식으로 비워 둠으로써 활동
을 마칠 수 있었다.

　힘들어도 어찌할 수 없이 붙박여 버리는 행동 양상이 있다.

☞ 2-10

12세 아동의 활동. 4절 도화지를 연필로 곱게 칠하였다.

안 그리기

▷ 2-11

12세 아동의 활동. 4절 도화지를 최대한 까맣게 칠해 나가다가 시간이 부족하자 가운데를
눈동자의 흰 부분처럼 만들어 마무리하였다.

처음 활동에서 깜지는 교사의 지시에 의해 이루어졌다면 점차 그것은 자기 자신이 투영되는 그 무엇이 되었다. 그래서 그것에 매달리게 된 것이 아닐까 한다.

 ▷ 2-11의 아이는 칠하기에 자기를 투영했고, 바로 그 행위를 하는 자신을 대면하게 된 것은 아닐까 생각해 볼 수 있다. 그래서 그 행위의 성패는 곧 자존감의 성패로 연결되는 것이다. 눈 같은 이미지를 만들어 적당한 선에서 멈출 수 있게 된 것은 참으로 다행한 일이라 할 수 있다. 그리고 그런 경험은 아이의 입장에서 소중한 자산이 되었을 것이다. 스스로 매우 만족해했으니 말이다. 아이들이 종종 주어진 과제에 자기를 다 걸듯이 그렇게 자신을 투영하는 것을 목격할 수 있다. 교사가 겸허한 마음과 애정을 가지고 아이들과 함께해야 하는 이유라 할 수 있다.

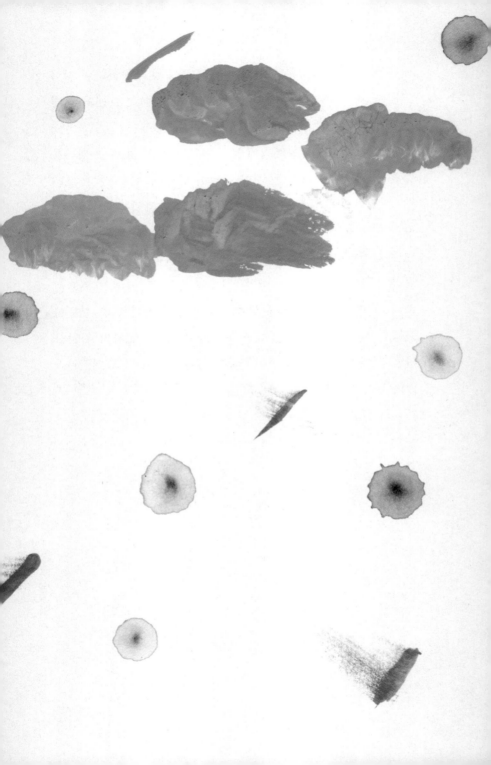

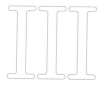

매체로부터

물질성으로부터

물감으로부터

입체적 재료로부터

에필로그 – 찰흙 활동의 또 다른 모습

1

물질성으로부터

미술이라는 분야가 가진 핵심적인 측면
중의 하나는 물질성을 가진다는 것이다. 말하자면 물건을 활용
하여 표현하는 활동이라고 할 수 있다. 미술에 사용되는 물건
은 전통적으로 무엇인가를 표현하기 위한 재료 혹은 수단 정도
로만 인식되는 경향이 있지만, 그 이전에 재료 자체가 표현성
을 가진다는 점을 주목해야 한다.

재료는 저마다 각각의 물질성을 가지며 그 물질성에 따라 나
타나는 것이 달라질 수 있다. 물질적 특성은 어떤 것을 제한하
기도 하고 열어 주기도 한다. 이것을 좀 더 적극적으로 해석하
면 그 물질성에 의해 우리의 특정한 감각이 자극되며 그로부터
어떤 표현성이 발생하게 되는 것이다.

'무엇을 표현하자'라고 주제를 제시하고 활동을 시작하면

☞ 3-1

6세 아동의 그림. 색연필을 이용해 3명의 사람을 그렸다.

🐚 3-2

6세 아동의 그림. 🐚 3-1의 아이가 물감을 사용하여 표현한 것이다.

아이들은 그 표현 목표에 따라 의지적으로 재료를 다루기 시작하지만, 반대로 아무런 주제를 제시하지 않고 재료만 제공하면 아이들은 재료가 가진 물질적 특성에 반응하며 충동적으로 활동을 할 수 있다. 이때 미술 활동은 의식적이기 전에 감각적인 활동이 된다. 그럴 때 아이들은 감각성에 기반한 자기표현의 과정으로 몰입할 수 있다.

　 ▷ 3-1과 ▷ 3-2는 같은 아이의 그림이다. ▷ 3-1은 색연필을 제공했을 때 그린 것이고 ▷ 3-2는 물감과 붓을 주었을 때 그린 것이다. 나는 무엇을 그리라 주제를 제시하지 않았고 재료만 제공했다. 색연필을 주자 사람 그림을 그렸지만, 물감과 붓을 주자 그저 색칠에 여념이 없었다. 자신이 좋아하는 예쁜 색을 사용해서 말이다. 색연필로는 평소 하던 대로 관습적으로 그림을 그렸을지 모른다. 그런데 물감은 평소 잘 접하지 못하는 재료였을 뿐 아니라 팔레트가 없이 대용량 물감으로 제공되어서 종이에 물감을 주룩 짜서 직접 붓질을 해야 하는 상황이었다. 붓 또한 큰 붓이었기에 북북 문지르기에 효과적이었다. 아이는 어느덧 물감의 물성에 매료되었고 물감을 흘리고 문지르고를 반복하였다.

　수업에서 이런 활동을 주기적으로 반복하였는데 색연필은 그리기로, 물감은 흘리고 문지르는 방법으로 활동이 자리 잡아 갔다. 그런데 물감이 가진 줄줄 흐르는 물성으로 인해 훨씬 감각적으로 자극을 받으면서 아이들은 충동적인 에너지를 발산

☞ 3-3

4~5세 아동의 활동. 물감 활동이 반복되자 아이들은 점차 손을 사용하여 활동하기
시작하였다.

하였다. 점점 관습적인 분위기에서 벗어나면서 붓을 집어던지고 손으로 문지르며 해방감을 만끽하였다. 게다가 그리기에서 벗어나니 잘하고 못하고의 기준 또한 사라지면서 더욱 편안하게 자기표현에 집중하게 되는 것 같았다.

입체 재료에서도 마찬가지의 모습을 발견할 수 있었다. ☞ 3-4와 ☞ 3-5는 같은 아이의 작품인데 플라스틱 점토를 제공했을 때와 수수깡을 제공했을 때 다른 반응을 보였다. 플라스틱 점토를 다룰 때는 조형적 접근, 그러니까 어떤 형상을 만드는 데 초점을 두는 반면, 수수깡을 다룰 때는 기본적으로 건축적 접근을 했다. 재료가 가진 물리적 특징을 잘 반영하여 활동한다고 할 수 있다. 물론 익숙하게 해 왔던 관습이 반영된 것일 수 있지만, 그것은 기본적으로 재료가 가진 물리적 특성과 연관되어 있고 아이들이 그에 반응하는 것은 자연스럽다 할 수 있다.

☞ 3-6과 ☞ 3-7도 그 재질적 특성을 극명하게 드러낸다. 이쑤시개의 뾰족뾰족한 특성과 종이테이프의 부드럽게 감쌀 수 있는 특징을 통해 그 표현 효과를 불러내고 있다. 누가 그렇게 하라고 해서가 아니라 아이들 스스로 감각적 충동 속에서 그렇게 하는 것이다. 이런 것을 지켜보노라면 교사는 가능한 한 색다른 재료와 매체를 제공하고 싶은 욕구에 시달리게 된다. '무엇을 해라' 하고 독려할 것 없이 그 감각성을 자극할 만한 재료를 찾아 주기만 하면 '알아서' 하니 말이다. 창의성 혹은 상상

4

5

🖘 3-4 | 4세 아동의 작품. 스티로폼 판에 플라스틱 점토를 붙여 나타냈다.

🖘 3-5 | 4세 아동의 작품. 스티로폼 판에 이쑤시개와 수수깡을 이용하여 나타냈다.

6

7

☞ 3-6 | 4세 아동의 작품. 스티로폼 판에 플레이콘, 이쑤시개 등을 이용하여 나타냈다.

☞ 3-7 | 4세 아동의 작품. 솜을 종이테이프로 감싸며 표현하였다.

력은 아이디어에서 나온다기보다는 새로운 재료를 통해 일어
나는 신선한 감각적 반응 속에서 나온다고 할 수 있다. 그것은
의지나 생각이 아니라 충동의 문제라고 할 수 있다.

2

물감으로부터

물감도 조금씩 붓으로 찍어 사용한다면 그리고 묘사하는 재료가 될 수 있지만, 만일 대용량으로 주어진다면 어떨까? 그것은 진한 점성이 있는 액체로 다가올 것이다. 게다가 형형색색이지 않은가? 채색 재료이기 이전에 그런 물질성이 있는 것이다. 나는 아이들이 바로 그 물질성을 대면하도록 활동을 시작하였다. 특히 유치원과 저학년 시기에 말이다. 아이들이 물감을 표현 재료로 여기는 것에서 벗어나 물감 자체를 만나 탐색할 시간을 갖도록 하고자 위함이었다.

물론 아이들은 나를 만나기 전에도 물감을 사용한 경험이 있을 것이기에, 이미 경험한 바대로 무언가를 그리는 재료로서 물감을 대할 수도 있다. 때문에 나의 목적을 이루려면 그런 관습적인 경험으로 물감을 대하지 못하도록 방해해야만 한다. 그런 장치 중 하나는 물감을 대용량으로 제공하고 팔레트는 주지 않는 것이다. 게다가 붓마저 큰 것을 제공하면 무언가 그리는 데 방해가 될 것이다. 어떤 아이들은 이런 상황을 낭패스럽게 여기기도 하지만, 어떤 아이들은 새로운 환경에 새로운 호기심을 일으키게 된다.

시작 단계에서는 물감은 교사용 책상에 비치하고 아이들이 책상 앞으로 나와 원하는 물감을 선택하면 들고나온 종이에 물감을 부어 준다. 물론 양도 원하는 만큼. 이렇게 활동이 자리 잡히면 아이들은 스스로 물감을 선택하여 적당량을 부어서 활동을 시작하게 된다. 처음에는 줄줄 흐르는 물감의 점성을 즐기는 데 여념이 없거나 혹은 그것을 감당하지 못하여 쩔쩔맬지 모른다.

☞ 3-8은 처음 대용량으로 만난 물감을 즐기는 차원을 잘 보여 준다. 활동은 순식간에 이뤄지고 반복된다. 그려진 이미지에 관심을 가지기보다는 그 순간 흘러내리는 물감과 붓질을 즐기고 있는 것이다. 이때 종이는 무한정 제공된다. 그래야만 결말을 정해 놓지 않고 마음껏 즐길 수 있기 때문이다. 말하자면 지극히 낭비적인 활동이라 할 수 있다. 교실이 엉망이 되는 것 또한 감수해야 한다.

그렇다고 모든 아이들이 이런 반응을 보이는 것은 아니다. 제어가 되지 않는 상황에 당황하거나 불쾌한 느낌을 갖는 아이도 있다. ☞ 3-9처럼 처음부터 가능한 한 정돈된 질서를 부여하

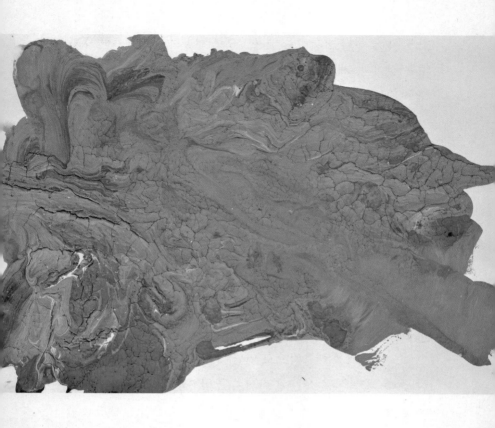

 3-8

9세 아동들의 활동. 4절 도화지에 물감을 부어 나타냈다.

3-9 | 9세 아동의 활동. 도화지에 물감을 부어 나타냈다.

3-10 | 9세 아동의 활동. 도화지에 부은 물감으로 나무가 있는 풍경을 나타냈다.

고 싶어 하는 경우가 그렇다. 게다가 물감이 그리기 재료라는 관습적인 기억에 사로잡혀 있어 ▷ 3-10의 경우처럼 어려운 조건 속에서도 그림을 그려 내려 애쓰는 모습을 보이는 아이들도 있다. 나는 자유롭게 충분히 즐기라고 말할 뿐 그런 아이들을 통제하지는 않는다. 경우에 따라서는 이런 아이들이 다수가 될 수도 있지만, 각자의 충동들이 서로 영향을 미치면서 활동은 좀 더 자유분방하게 흘러갈 것이기 때문이다.

물감 활동이 반복되자 나름대로 일정한 효과를 추구하면서 그 기법을 탐구하여 표현하기 시작하였다. ▷ 3-11은 4절 도화지에 물감을 부어 놓고 그것을 다시 8절 도화지로 밀어 묻힌 다음 흘러내리는 효과를 내었다. ▷ 3-12는 큰 붓으로 물감을 쿡쿡 찍어 표현하였다. ▷ 3-13은 대용량 물감 통을 들고 뱅뱅 돌리면서 종이에 흘려 나타냈다. ▷ 3-14는 종이에 여러 색의 물감을 차례로 쏟은 후 뾰족한 것으로 긁고 문질러 나타냈다. ▷ 3-15는 종이에 물감을 잔뜩 쏟은 후에 큰 붓으로 일정하게 규칙적으로 문질러 그 자국을 낸 것이다. ▷ 3-16은 종이에 여러 색을 쏟은 후에 다른 종이로 문질러 나타냈다.

이러한 활동이 반복되거나 충분히 즐기고 나면, 점차 활동은 어떤 표현 행위를 향해 일정한 맥락을 가지게 된다. 아이들이 가진 심미적 욕구가 발생하는 것이다. 흐르는 물감이나 붓 자국, 색채 등에서 일정한 질서를 발견하고 그것을 탐구하는 즐거움을 느끼기 시작한다. 우연히 발견한 흥미로운 이미지나 현

☞ 3-11 │ 10세 아동의 활동. 4절 도화지에 물감을 부은 후 8절 도화지로 물감을 밀어
효과를 냈다.

☞ 3-12 │ 10세 아동의 활동. 큰 붓으로 물감을 쿡쿡 찍어 표현하였다.

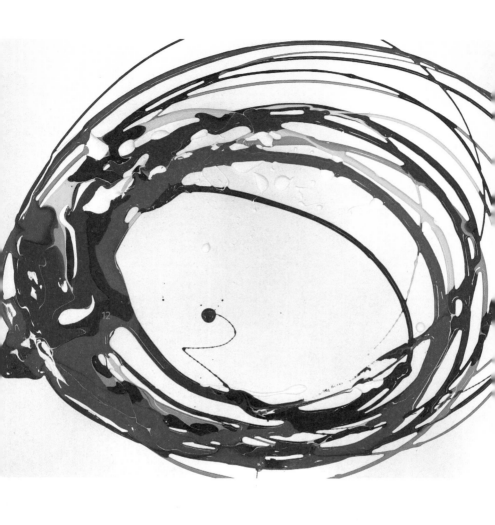

☞ 3-13

10세 아동의 활동. 대용량 물감 통을 들고 뱅뱅 돌리면서 종이에 흘려 나타냈다.

👉 3-14

10세 아동의 활동. 종이에 여러 색의 물감을 차례로 쏟은 후
뾰족한 것으로 긁어 나타냈다.

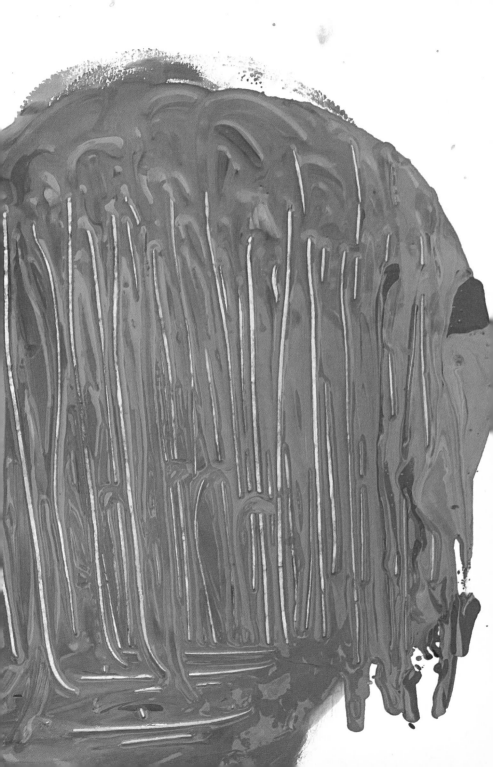

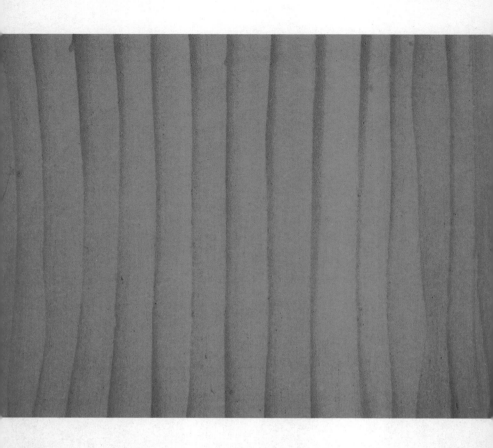

▭▷ 3-15

10세 아동의 활동. 종이에 물감을 쏟고 큰 붓으로 일정한 간격으로 문질러 그 자국을 낸
것이다.

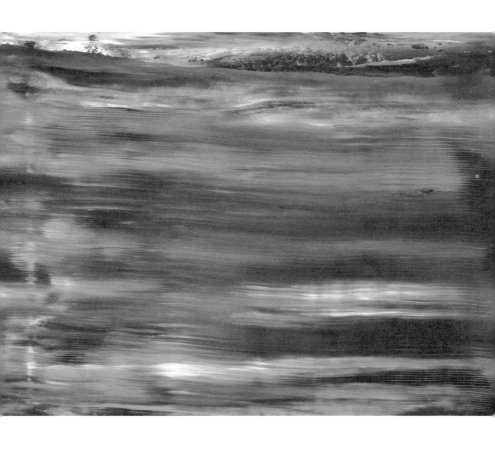

➪ 3-16

10세 아동의 활동. 종이에 여러 색을 쏟은 후에 다른 종이로 문질러 나타냈다.

🔖 3-17 ㅣ 10세 아동의 활동. 풍경을 그린 후에 흰색 물감을 뿌려 나타냈다.

🔖 3-18 ㅣ 10세 아동의 활동. 그러데이션(gradation)의 효과를 살려
바닷가의 풍경을 나타냈다.

상을 다시금 반복하여 그 효과를 즐기게 된다. 나는 그것을 촉진하기 위해 종이 사이즈를 작게 줄였다. 종이가 작아지면서 집중도와 작업의 밀도가 높아졌다.

작은 붓과 팔레트, 작은 종이를 제공하자 좀 더 섬세한 그리기가 되었고 특히 구상적인 이미지들이 많이 그려졌다.

☞ 3-17은 풍경을 그린 후에 흰색 물감을 뿌려 나타냈다. ☞ 3-18은 그러데이션gradation의 효과를 살려 바닷가의 풍경을 나타냈다. ☞ 3-19는 종이에 검은색을 칠하여 말린 후에 작은 붓으로 물감을 뿌려 나타냈다. ☞ 3-20은 작은 붓을 이용하여 자전거를 그렸다. ☞ 3-21은 붓으로 그리거나 물감을 떨어뜨리거나 하여 비 오는 풍경을 나타냈다. ☞ 3-22는 마른 붓에 물감을 묻혀 종이에 마구 그리거나 흔들어 나타냈다. 점점 마르는 붓의 효과를 활용했다.

☞ 3-19와 ☞ 3-22에서 보는 바와 같이 재료가 달라졌음에도 여전히 추상적 표현에 몰두하는 아이들이 있다. 팔레트가 없을 당시 했던 방식을 그대로 지속하는 가운데 그리 되었을 것이다. 그럼에도 그들의 작업 또한 좀 더 섬세해지고 있음을 알 수 있다.

나는 여기에서 어떻게 그리라든가 하는 방향에 대해 특별한 지시를 하지 않았고 아이들 스스로 느껴지는 감각을 바탕으로 자연스레 전개되었다. 주제를 정해서 제시하는 아동 미술의 일반적인 경향을 나는 가급적 회피하려 한 것이다. 가능한 한 아

▷ 3-19

10세 아동의 활동. 검은색을 칠한 후 물감을 뿌려 나타냈다.

20

🏹 3-20 | 🏹 3-21

10세 아동들의 활동. 작은 붓을 사용하여 섬세하게 그려 나타냈다.

21

☞ 3-22

10세 아동의 활동. 마른 붓에 물감을 묻혀 거친 느낌으로 표현하였다.

이들의 자발성이 드러나도록 말이다. 다만 나는 재료를 제공하는 방식으로 아이들이 가진 표현 충동을 확장적으로 자극하고자 했다. 그렇게 되면 표현의 주체-주인은 아이들이 되고 교사는 그에 대한 조력자의 위치에 서게 된다고 할 수 있다.

물론 여기에 기법적인 지도를 부연할 수 있고 그럴 경우 아이들의 작업이 더욱 심화하는 데 기여할 것이다. 나 또한 과정에서 알맞은 순간에 그런 개입을 하였다. ☞ 3-23처럼 물이나 흰색을 사용하여 명도를 조절하거나, 혼색을 통해 색상을 변화시키는 기법 등을 배우는 시간을 알맞게 배치하였다. 그런 학습은 일단 물감의 물성을 충분히 경험하고 즐겼다고 여겨진, 또한 지적으로 그것을 수용해 낼 만한 때라고 판단된 5~6학년 시기에 집중되었다. 그러한 기법적인 교육을 수용해 내는 데는 개인적인 편차가 있지만, 그것은 그리 문제가 되지 않았다. 기법적인 표현 학습은 단지 과정적으로 제공되었을 뿐 결국 표현은 늘 아이들 스스로의 의지에 맡겨졌기 때문이다.

그리하여 6학년 시기에 물감과 다양한 재료들을 제한 없이 제공했을 때, ☞ 3-24처럼 교사나 친구의 눈치를 보지 않고 자기 나름의 방식으로 다양하게 물감과 그림을 즐기는 상황을 목격할 수 있었다. 이때는 팔레트도 제공되었고, 종이도 다양한 사이즈, 붓 또한 다양한 크기가 주어졌으며, 아이들은 자신의 취향에 따라 취사선택하여 표현하였다. 아이들은 마치 화가가 된 양 각자 자기 그림을 즐겼으며 교사의 역할은 그것을 보아

▷ 3-23

11세 아동의 그림. 한 가지 색을 이용하여 물을 섞어 가며 그 진하기-밝기를 조절하여 나타낸 활동의 결과이다. 이로써 아이들은 물감과 물을 사용하여 나타내는 명도 변화를 배웠다.

🔊 3-24

12세 아동들의 작품. 6학년 시기 재료를 자유롭게 사용하도록 하자
다양한 결과가 나왔다. 그동안 배웠거나 활동해 온 성과들이 풍요롭게 드러났다.

주는 일 외에는 거의 없다는 것을 확인할 수 있었다.

여기에 4학년 시기에 쓴 물감 활동에 대한 소감문을 덧붙여 본다. 수영이와 혜지는 물감 활동을 하면서 그리기에서 벗어난 즐거움 혹은 해방감을 말하고 있다. 특히 혜지는 그리는 것을 매우 두려워하는 아이인데, 그것으로부터 벗어나게 해 준 물감 활동의 즐거움을 진심으로 표현하고 있다.

상수는 물감 표현에서 충동적으로 표현되는 효과에 대해 말하고 있다. 의도적으로 표현하려 하는 것보다 생각 없이 재료에 이끌려 표현할 때 더 멋진 그림이 나오는 것을 발견한 것이다. 반면 선미는 처음에는 충동적으로 활동을 하다가 점차 좀 더 조형적 즐거움을 탐구하는 방향으로 변해 가는 모습을 잘 보여 준다.

물감을 휘리릭 휘리릭 사용하여 표현한 나의 작품 활동을 마치고

항상 연필로 섬세하게 그리다가 물감을 생각 없이 짜고 칠하는 것이
스트레스가 사라진 것 같다.
우리 반 친구들 모두 같은 도구와 재료로 했지만 다 다른 느낌으로 그림을
그려서 신기했다. 친구들의 그림을 보니 그림에 친구들의 마음이 담겨 있는 것
같아서 좋았다. 그림들을 보며 느낀 친구들의 생각이 다 달라서 신기했다.
물감이 아까웠다. ― 수영

원래 그림을 그리는 것을 좋아하지 않고 물감도 좋아하지 않는데 이번 시간도
첫 번째 시간은 뭘 그릴지 생각했는데 칠해 보니까 부드럽고 재미있었는데
다 하고 나니까 물감에 대해서 재밌게 생각했고 물감으로 자유롭게 원하는
걸 표현해서 재밌었고, 연필로 그리는 것처럼 따라 그리지 않고 색도 없는데
물감은 원하는 색을 섞어서 연하게 진하게 칠할 수 있고 손으로도 할 수 있고
손이 안 아파서 좋고 책상에 대고 튀기고 그렇게 하면 더 표현할 수 있어서
좋았다. ― 혜지

물감은 까다롭다. 물 채워 물감 고르고 붓 쓰고 다시 물 담고 물감 붓고 계속
이렇게 반복한다. 그리고 좋은 멋진 그림 그리려고 맘 먹고 하면 이상한 그림이
나온다. 맘 안 먹고 하면 멋진 그림이 나온다. ― 상수

처음에는 그냥 막 그린다는 생각으로 그리려고 했는데 해 보니 꼼꼼히 하고
싶은 생각이 들었다.
어떤 그림은 내가 이름을 썼는데 미술 선생님이 '그 글이 작품이야' 말을 듣고
작품으로 결정하였다. 이름이 작품이 될 줄은 몰랐다. 이름 작품이 머릿속에
맴돌았다. 계속 생각하니 재미있었다. 손에다 물감을 묻히고 종이에다 찍은
것이 재미있었다.
붓에 물감을 묻히고 톡톡 튀기는 게 더 재미있었다. ― 선미

<물감을 휘리릭 휘리릭 사용하여
표현한 나의 작품 활동을 마치고>

항상 연필로 섬세하게 그리다가 물감을 생각 없이
쟉 칠하는것이 스트레스가 사라진것같다.
우리반 친구들 모두 같은 도구와 재료로 했지만 다 다른
느낌으로 그림을 그려서 신기했다. 친구들의 그림
을 보니 그림에 친구들의 마음이 담겨와는것 같
아서 좋았다. 그림들을 보며 느낀 친구들의
생각이 다 달라서 신기했다.
   물감이 아까웠다.

<물감을 휘리릭 휘리릭 사용하여
표현한 나의 작품 활동을 마치고>

원해 그림을 그리는 것을 좋아하지않고 물감도 좋아하지
않는데 이번 시간도 첫번째시간은 뭘 그릴지 생각했는데
칠해보니까 재미 있었는데 다 하고나니까 물감에 대해서
재밌게 생각 했고 물감으로 자유롭게 원하는걸 표현해서
재밌었고, 연필로 그리는것처럼 따라그리지않고 색도 없는데
물감은 원하는색을 섞어서 연하게 진하게 칠할수
있고서 손으로도 할수 있고 손이 안 아파서 좋았다.
책상에 튀기고 그렇게 하면 더 표현할수 있어서 좋았다

☞ 3-25
10세 아동들의 소감문.

<물감을 휘리릭 휘리릭 사용하여
표현한 나의 작품 활동을 마치고>

물감은깨다롭다 물색을 묻히고 그로쓰고 다시물닦고 물꿈묻으고 제속이걸
게 반복한다.,,, 그리고깜은 엇덜그림그리려면 많으면지 희망이상한그
림이나온다 많으면그리면 엇진그림이나온다

<물감을 휘리릭 휘리릭 사용하여
표현한 나의 작품 활동을 마치고>

처음에는 그냥 막 그린다는 생각으로 그리려고 했는대
해보니 끔끔히 하고싶은 생각이 들었다
어떤 그림은 내가 이름을 썼는대 미슬샌 생님이 `그 글
다 작품이아' 말을듣고 작품으로 결정하였다.
이름다 작품이 뭘줄은 몰랐다 이름작품이 머릿속에 맴
들었다 계속 생각하니 재미있었다. 손에다 물감을
묻치고 종이에다 찍은 것이 재미있었다.
붓에 물감을물 하고 톡톡 튀기는게 더 재미있었다

3

입체적 재료로부터

          찰흙과 플라스틱 점토는 그 가소성으로 인하여 조형적 접근이 쉬운 재료이다. 때문에 이런 재료가 주어지면 아이들은 무언가를 만들기 시작한다. 종이와 연필을 주면 무언가를 그리기 시작하는 것과 비슷하다고 할 수 있다.

    그러나 ▷ 3-26에서처럼 찰흙과 플라스틱 점토는 다른 경향성을 보이는 것을 확인할 수 있다. 점토는 투박한 반면에 플라스틱 점토는 섬세한 표현이 가능하고 색상도 표현할 수 있기 때문일 것이다. 찰흙으로는 규모가 크고 거칠게 덩어리를 드러낸다면 플라스틱 점토로는 작고 섬세한 모양을 다루기 시작한다. 그래서 훨씬 장식적인 표현을 많이 한다. 찰흙으로는 사람, 동물 등과 같은 조형물을 많이 표현한다면 플라스틱 점토로는 그릇, 음식, 장식물 들을 표현하는 경향을 볼 수 있었다.

▷ 3-26

9~10세 아동들의 작품. 찰흙을 사용할 때와 플라스틱 점토를 사용할 때 추구하는
표현 대상이 달라지는 것을 볼 수 있다.

🔖 3-27

9세 아동들의 작품. 🔖 3-26과 표현 대상이 반대가 되었다. 재료에 따라 그 느낌과 효과가
다르다는 것을 알 수 있다.

☞ 3-27에서 보는 바와 같이 그 반대의 경우도 얼마든지 있다. 그러나 그 조형적 느낌은 여전하다. 흙은 투박함을 주지만 플라스틱은 매끄럽고 어딘지 공산품스러운 느낌을 준다. 자연 재료와 공산품 재료가 가지는 특성이 고스란히 반영된 결과라 할 수 있다. 때문에 아이들이 찰흙과 플라스틱 점토를 고르게 만날 필요가 있다. 자연적 재질이 가져다주는 촉감과 물성, 그리고 공산품으로서 플라스틱 점토의 느낌이 서로 비교되면서 심미적 깊이를 형성할 수 있기 때문이다. 최근 플라스틱 점토가 널리 쓰이면서 손을 더럽히게 되는 찰흙을 기피하는 경향이 있는데 그것은 그만큼 아이들을 자연으로부터 멀어지게 한다. 물론 찰흙을 만지지 못하는 아이도 있는데 그런 경우 장갑을 착용해서라도 찰흙을 접하는 것이 물질적 세계로부터 단절되지 않도록 도와줄 것이다. 그렇게 보면 직접 손에 묻혀야 한다는 면에서 찰흙은 그 물질성이 가장 강한 재료라 할 수 있다.

수수깡과 이쑤시개는 무엇보다도 건축적 재료이다. 어찌 하라고 지시하지 않아도 아이들은 자연스레 건축적으로 접근한다. 구조를 만들고 높이 세우려 애를 쓴다. 무언가 생각한 것을 나타내 보려 하지만 그것이 잘 되지 않더라도 세우고 구조를 만들고자 하는 욕구에 이끌린다. 또한 그것은 협력을 불러일으킨다. 어떤 아이들은 고집스레 혼자 하기도 하지만 정말 높이 쌓고자 하면 자연스레 협력을 해야 하기 때문이다.

그렇다고 수수깡이 늘 건축적으로 사용되는 것은 아니다. 장

▱ 3-28

9~10세 아동들의 활동과 작품. 수수깡과 이쑤시개를 제공하자 건축적인 특성이 나타나는 표현을 하는 경향을 보였다.

▭▷ 3-29

9~10세 아동들의 활동과 작품. 수수깡과 이쑤시개를 가지고 평면적이거나 재현적인 형태를 표현하기도 한다.

매체로부터

식적이고 재현적인 형태에 이끌릴 수도 있고, 여전히 평면성에 사로잡혀 있는 아이들도 있다. 그런 경우 수수깡은 납작한 사물을 재현하는 방식으로 사용된다. 그래서 교사는 아이들마다 다른 욕구를 존중하고 그것을 펼칠 여지를 열어 둘 필요가 있다. 그래야 아이들은 각자 자기 방식으로 만족하며 활동에서 성취감을 느낄 수 있다. 내가 재료에 세심히 신경을 쓰는 것은 재료가 가진 특성으로 인하여 자연스레 표현이 확장될 수 있는 기회를 제공하기 위함이다. 그럼에도 무엇을 어떻게 표현할 것인가 하는 것을 열어 둘 때 아이들은 잘하고 못하고를 떠나 자기 나름의 창작의 즐거움을 누릴 수 있다. 이때 교사는 재료의 풍요로움을 개발해 내야 한다. 어디로 튈지 모르는 아이들의 창작 의욕을 충족시키기 위해서는 그만큼의 감각성을 가진 다양한 물건이 필요하다.

🖙 3-30

9~10세 아동들의 작품. 다양한 재료를 제공하자 그만큼 다양한 표현들이 나왔다.

에필로그

찰흙 활동의 또 다른 모습

찰흙 활동은 3학년 시기부터 5학년 시기까지 계속되었는데, 3학년 시기에는 거의 모든 아이들이 조형 활동에 전념하였다. 대체로 그릇이나 사물을 만들었다. 설령 입체적으로 구성하기 어려워 납작하게 표현하더라도 말이다. 그런데 4학년 시기에는 조형이 아닌 그저 흙 놀이를 하는 아이들이 나타나기 시작했다. 한 아이가 만들기를 하다가 흙 놀이로 흘러가니 옆의 아이가 가세하였다. 그러더니 5학년 시기에는 몇몇 아이들이 본격적으로 흙 놀이를 하기 시작했다. 특히 여자아이들의 경우가 더욱 그러하였다. 흙 판 위에 흙을 놓고 물을 붓고 손으로 만지작거리기도 하고, 흙 주걱을 이용하여 문지르거나 긁는 일에 몰두하기도 하였다.

나는 이를 지켜보면서 3학년 시기의 아이들이 조형적 활동

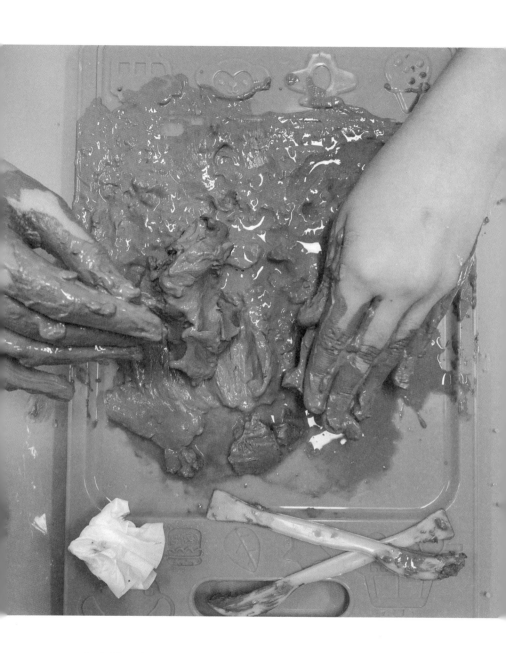

11세 아동의 활동. 찰흙에 물을 붓고 흙장난을 시작하였다.

을 일반적으로 하게 되었던 것은 찰흙을 그렇게 사용하여 온 이전의 경험 때문이거나 찰흙으로는 그렇게 하는 것이라고 교육받은 결과일 수 있겠다는 생각을 하게 되었다. 찰흙은 가소성이 뛰어난 재료로서 조형적 활동을 하기 좋은 것은 분명하지만, 흙장난 역시 흙이 가진 또 다른 속성을 즐길 수 있는 활동인 것이다. 흙은 주무르기 좋고 물을 섞으면 미끈거리는 촉감을 느낄 수 있다. 그러니까 흙은 시각적인 조형 재료이기 이전에 촉감적인 매체라 할 수 있다. 그 촉감이 싫어서 흙 만지기를 거부하는 아이도 있으니 말이다.

그럼에도 아이들은 흙의 촉감 놀이를 결국 조형으로 귀결시켰다. ☞ 3-32의 경우에는 충분히 촉감을 즐기다가 문질러 흙판을 만들게 되었고 거기에 자기 반의 선생님과 아이들 이름을 쓰는 것으로 마무리하였다. ☞ 3-33의 아이는 손에 흙이 묻는 것이 두려웠는지 흙 주걱으로 흙장난을 시작하였다. 결국 끝까지 흙에 손을 대지 않고 흙 주걱으로만 놀다가 조심스럽게 바다와 갯벌을 묘사하는 것으로 마무리하였다.

물론 5학년 아이들이 이렇게 흙장난으로 흘러간 것을 발달 단계론에 의하면 퇴행으로 여길 수도 있을 것이다. 유년기 시절에 흙장난을 하다가 점차 평면 조형으로 그리고 입체 조형으로 나아가는 것이 발달 단계에 알맞으니 말이다. 그러나 아이들은 정작 흙장난을 충분히 경험할 기회가 없었는지 모른다. 실제로 학교 병설 유치원의 놀이터를 보아도 바닥에 안전 패드

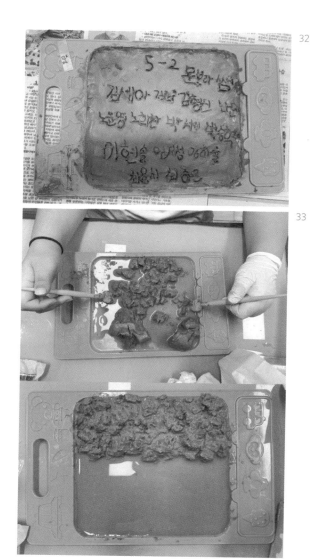

☞ 3-32 | 11세 아동의 활동. 흙장난을 하다가 문질러 흙 판을 만든 후 선생님과 반 아이들의 이름을 써 나갔다.

☞ 3-33 | 11세 아동의 활동. 손에 흙을 묻히지 않으면서 흙장난을 하다가 바닷가의 모습을 만들어 놓고 마무리하였다.

🔖 3-34

11세 아동의 활동. 무언가를 만들려다가 흙장난을 하였고
결국 둥그런 구 모양을 만들고 활동을 끝냈다.

가 깔려 있어 흙을 직접 밟을 수 없게 되어 있었다. 이동로와 학교 정원 또한 보도블록이나 잔디가 깔려 있고 운동장마저도 그랬다. 그래서 기회가 뒤늦게 왔고 아이들은 이제야 흙장난을 본격적으로 한 것이었는지 모른다. 아이들에게 성장기에 알맞은 기회가 제공되어야 하지만 그런 기회를 갖지 못했다면 늦은 시기에라도 제공되어야 한다.

   ▷▷ 3-34의 아이는 처음엔 무언가를 만들고자 여러 번 시도하였다. 그러나 그게 뜻대로 되지 않자 흙장난으로 돌입했고, 처음부터 무얼 만들려 한 것이 아니라고 주장하듯이 줄곧 흙장난을 했다. 2주간 계속된 활동이었는데 두 번째 주에는 아예 처음부터 흙장난으로 시작했다. 그러다가 결국 동그란 구를 만들고 활동을 끝냈다. 그리고 자기는 처음부터 구를 만들려 했다고 나와 친구들에게 말하는 것이었다. 그러니까 이 시기의 흙장난은 흙을 처음 만났던 유아기 때와는 다른 측면이 있다고 할 수 있다. 거기에는 한편으로 다른 친구들의 시선과 조형에 대한 두려움 혹은 실패에 대한 좌절감 등이 묻어 있다. 이것을 퇴행이라고 말한다면 퇴행일 수 있는데 이 아이에게 필요한 퇴행이었던 셈이다. 아이는 결국 구를 만들어 내었다. 손안에서 흙을 굴리다가 자연스레 구가 된 것이다. 나는 여기에서 오히려 새로운 조형의 출발을 보았다. 그것은 아이의 손이 가진 감각적 충동과 연결되어 나타났다는 면에서 아이들이 익히 표현하는 로봇이나 탱크 같은 조형과는 다른 차원이라 할 수 있다.

자기표현으로서 미술과
지식적 차원

자기표현이란 무엇인가?

깜지 활동에서 자기표현과 지식적 차원의 개입

물감 활동에서 – 지식적 차원의 두 가지 측면

서예에서 – 지식적 차원과 자기표현

입체 표현에서의 전개

에필로그 – 보고 그리기에서의 자기표현

1

자기표현이란
무엇인가?

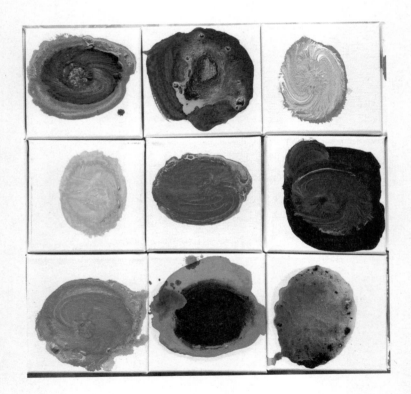

☞ 4-1은 자폐 스펙트럼과 지적장애가 있는 한 청년의 작품이다. 붓과 물감을 사용한 왼쪽의 작품은 둥글리는 표현을 한 반면 펜을 사용한 오른쪽의 작품은 아래위로 선을 반복하여 긋는 방식으로 표현하고 있다.

☞ 4-1

자폐 스펙트럼과 지적장애가 있는 한 청년의 작품. 일정한 규칙을 가진 동작으로 반복하여 표현하고 있다. 붓과 물감을 쓰는 경우와 펜을 쓸 때의 표현이 달라졌다.

'III. 매체로부터'에서 언급했듯이 재료가 가진 특성에 따라 반응하여 작업을 하고 있음을 알 수 있다.

이러한 표현은 누구에게 배우거나 다른 무언가를 본 것이 아니며 스스로 거의 자동적으로 하게 된 것인데 10년이 넘게 지속하고 있다. 누가 이를 변경시키려 하거나 참견을 하면 크게 화를 내었다. 아무리 반복해도 지루해하기는커녕 주어진 시간 내내 흥에 겨워 행위를 했다. 나는 이를 자기표현의 차원이라고 말하는 것이다. 그것에는 어떤 생각이나 의지가 개입되기도 전에 자신의 내부로부터 솟아나는 충동적 열정과 같은 것이 있다.

자폐 스펙트럼이나 지적장애를 가지지 않았더라도 누구에게나 그런 차원이 있다. '잘해야 하고 그럴듯하게 해야 한다'라는 타인의 시선에 억눌려 있을 뿐이다. 그럼에도 그것은 어떤 방식으로든 표현되어야 하고 충족되어야만 한다. 그래서 누구나 그와 같은 행위를 종종 한다. 초조함이나 지루함을 못 이겨 자기도 모르게 뭔가를 쓰거나 그리는 행동이 그런 것이라 할 수 있다.

미술 활동에서 아이들에게 종종 그러한 모습을 목격한다. 시키지도 않았는데 익숙해진 대로 하는 것일 수도 있고, 어려운 과제나 하기 싫은 과제 앞에서 방어적으로 하는 행동일 수도 있다. 아니면 진짜 자기 재미에 빠져 그렇게 하는 경우도 있다. 수업 의도와 어긋나기 때문에 교사는 종종 그것을 중단시키거나 심지어는 나무라게 된다.

　나는 그것이 오히려 미술 활동의 출발 혹은 바탕이라고 본다. 대개 이러한 행동은 일시적인 일로 끝난다. 그러나 그것이 반복되면 일정한 조형적 의지가 담기게 되며 자기 성취를 향한 표현이 된다. 그런 것을 미적 열정이라고 한다. 스스로 가진 심미성을 느끼며 거기에서 성취감을 가진다는 것은 놀라운 일이 아닐 수 없다. 주어진 과제를 수행해 내면서 얻는 성취감과 스스로 발견하고 수행하며 느끼는 성취감은 다른 차원일 수밖에 없다. 후자에서는 자기 동력과 자기 목적이 발생한다. 쓸모와는 아무런 상관없이 아름다운 것이 된다. 거기에 자신 스스로가 자리하고 있다는 느낌은 말할 수 없는 것이리라. 미술을 하는 가장 큰 이유라 할 수 있다.

　그러나 그것은 배워야 한다. 물론 배우지 않고도 그럴 수 있는 아이가 있을 텐데 매우 소수일 것이다. 예로 든 자폐 스펙트럼 청년이 대표적인 사례이다. 대부분의 평범한 사람은 배워야 그것이 가능해진다. 자기 충동이란 일시적으로 끝나는 경우가 다반사다. 그런데 거기에서 표현의 즐거움을 발견하고 반복하며 빠져들기 위해서는 누군가의 뒷받침과 지지가 필요하다. 그 행위를 지속하며 탐구할 이유와 가치를 발견해야 하며 억압적인 시선에 방해받지 않고 몰입할 수 있어야 한다. 교사라는 튼튼한 지원자와 교실이라는 안전한 공간이 그것을 가능하게 한다.

2

깜지 활동에서 자기표현과
지식적 차원의 개입

깜지 활동이 결과적으로 4년에 걸친 긴 프로젝트가 되었지만, 애초에 그런 의도를 가지고 시작된 활동은 아니었다. 3학년 첫 수업을 어떻게 하면 체험 중심으로 좀 더 가볍고 자유로운 분위기에서 시작할까 생각하다가 떠올린 아이디어였다. 아이들 입장에서는 까맣게 칠하는 것이 새롭기도 할 것이고 아무 부담 없이 한 시간을 보낼 수 있을 것이라 생각했던 것이다. 게다가 '미술 = 그리기'로 정해져 버린 고정관념에서 벗어날 수 있고 말이다. 그러나 아이들의 작품을 하나하나 살펴보면서 나는 칠하는 방식이 아이들마다 다르다는 것을 발견하게 되었다.

어떤 아이는 금세 싫증이 나서 뭉개다가 끝내 버리는가 하면 어떤 아이는 살살 힘을 빼고 지속해 냈고 또 어떤 아이는 정말

▭▷ 4-2

9세 아동들의 활동. 연필로 검게 칠하는 행동이지만 아이들마다 다른 결과가 나왔다.

있는 힘을 다하여 까맣게 칠했다. 선을 긋는 방식도 다양했다. 균일하게 선을 긋는가 하면 중구난방으로 긋거나 둥글게 돌려 긋기도 했다. 나는 이를 관찰하면서 여기서 새로이 시작할 수 있겠다는 생각이 들었다. 다음 학기가 되자 나는 그렇게 하여 추려 낸 대표적인 이미지들을 아이들에게 보여 주었다.

"선생님은 그저 까맣게 칠하라고만 했을 뿐인데 이렇게 다들 칠하는 방식이 다르구나. 이게 바로 각자의 개성이라는 것이고 자기 나름의 표현이라는 거란다. 이렇게 사람은 다 다른 자기 모습을 가지고 있고 그것을 표현할 수 있는 거다. 한번 더 새로이 해 보면 어떨까?"

아이들은 이 활동을 다시 해 볼 동기를 얻는 것 같았다. 물론 여전히 대충 하고 마는 아이도 있었지만, 새롭게 해 보겠다는 의지로 적극적으로 도전하는 분위기가 형성되는 것을 느낄 수 있었다. 종이는 원하는 대로 가져다 쓸 수 있게 했더니 이리 해 보고 저리 해 보면서 더욱 다양한 방법들을 탐구하기 시작했다. ☞ 4-3의 경우는 연필로 칠하고 뭉개는 과정에서 다른 종이에 묻어나는 걸 발견하고 새까맣게 칠해진 종이 위에 새로운 종이를 얹어 균일하게 문질러 낸 것이다. 아이들은 이런 식으로 순간순간 새로운 아이디어에 이끌려 갔다. ☞ 4-4는 여러 아이들이 함께 하면서 발생한 상황이다. 큰 종이를 함께 까맣게

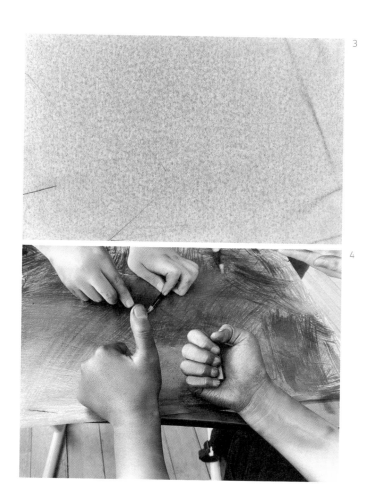

☞ 4-3 ㅣ 9세 아동의 작품. 아이들은 순간순간 새로운 아이디어에 이끌려 갔다.

☞ 4-4 ㅣ 12세 아동들의 활동. 학년이 올라가면서는 더욱더 다양한 효과에 이끌리기 시작하였다.

자기표현으로서 미술과 지식적 차원

만들면서 좀 더 쉽게 하기 위해 연필심을 칼로 갈아 내면서 손으로 문대기 시작하였는데 결국 손을 까맣게 만드는 방향으로 활동이 흘러간 것이다.

아이들이 이렇게 끊임없는 활동력으로 새로운 탐구를 수행하고 그 폭을 점점 넓혀 가는 데는 교사의 역할이 결정적이었다 할 수 있다. 이전의 작업들에서 발견한 흥미로운 특징들을 비교해 보는 과정을 가졌을 때, 아이들은 그런 호기심과 의지를 강화하는 것을 확인할 수 있었다. 나는 교사가 해낸 이런 역할의 측면을 '지식적 차원'이라고 이름 지었다.

시작할 당시 나는 아이들에게 '아무것도 그리지 말고 까맣게 칠하라'고 했고 활동은 아이들에게 맡겼다. 무언가 그리는 것을 끝내 포기하지 못하는 아이도 있었지만 내버려두었다. 내가 어떤 의도를 가지고 있더라도 정작 활동은 아이들의 몫이라 할 수 있다. 나는 그것을 최대한 보장하는 쪽으로 임했다. 여기서 아이들은 자신의 욕구와 충동에 이끌려, 의식하지 못했더라도 무언가 자기만의 방식으로 활동을 했다.

그러나 대개 이런 행동은 일시적인 것으로 끝난다. 그것을 지속할 내적 이유가 없기 때문이다. 어떤 아이는 단지 따분하여 그랬을 수도 있다. 그러나 깜지 활동에서 교사는 이를 특징적으로 분류하였고 그 분류된 방식으로 아이들이 다시 경험하게 했다. 분류하고 의미를 부여하는 행위가 바로 '지식화'이고 그것은 아이들에게 새로운 의지를 불러일으키는 토대가 된 것이다. 물론 아이들이 교사의 분류 방식을 따라 그대로 수행하게 되는 것은 아니다. 다만 그것이 새로운 촉매로 작용하고 아이들은 거기에서 한발 더 나아가는 활동을 전개하게 된다. 그러면 교사는 거기에서 또 새로운 측면을 발견하여 보여 주는 '지식화'의 과정을 밟는 것이다. 그런 연쇄를 통해 아이들은 자기의 길을 찾아 가게 된다. 물론 여기에서 교사의 '지식화'는 그 방식에 따라 아이들의 활동을 제한하는 측면으로 작용할 수도 있다. 오히려 아이들의 흥미를 감소시키고 그 활동력을 떨어뜨리는 쪽으로 말이다. 그래서 교사는 자신의 지식에 의지하기보다는 아이들의 활동에서 발견하는 태도를 견지해야 한다. 정해진 지식 체계로 분류하기 전에 아이들의 활동이 가진 흥미로운 점을 발견하고 그것에 의미를 부여하려 노력해야 하는 것이다. 그렇지 않으면 교사의 지식이 정하는 일방적인 방향으로 해석되거나 교사가 미처 발견하지 못한 것은 잊히고 사라질 수 있다. 그러고 보면 아이들의 활동과 교사의 활동 사이에는 긴장이 있으며 그 긴장의 어떤 지점에서 교육이 이루어진다고 할 수 있다.

3

물감 활동에서
- 지식적 차원의 두 가지 측면

　　　　　　물감 활동 또한 깜지와 같은 과정을 밟
았다. 말하자면 깜지처럼 그리는 것으로부터 벗어나 즉흥적인
표현을 즐기는 활동이었다. 더군다나 물감이 줄줄 흐르는 무정
형의 액체라는 면과 다채로운 색상을 가지고 있다는 면에서 연
필을 사용하는 깜지보다 더욱 유희적이고 충동적인 성격을 가
졌다고 할 수 있었다. 그만큼 물감 활동은 정말 신나는 일이지
만, 이 또한 유희적 놀이에서 머물 가능성은 충분하다. 아무리
좋은 음식이라도 배불리 먹고 나면 식욕이 물러나는 것처럼,
물감 활동도 물감과 종이를 충분히 낭비하고 나면 그만 의욕이
감소하고 말 수 있는 것이다. 미술 활동이 그런 낭비로만 마무
리되어서는 안 된다는 것은 분명하다.
　나는 두 번째 시기의 물감 활동에서는 깜지 활동에서처럼 아

☞ 4-5

9세 아동들의 활동. 같은 물감 표현이지만 아이들마다 다른 방식을 추구하였다.

 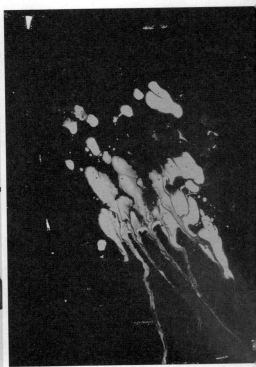

이들의 활동 결과를 그 기법적인 측면에서 분류하여 대표적인 이미지들을 비교하여 보여 주었다. 그것은 아이들의 유희 과정에서 자연스레 발생한 흔적들이었다.

뿌리기, 데칼코마니, 붓질, 흘리기, 올 오버 페인팅 등의 다양한 기법들이 구사되었고, 그것들은 서로 영향을 미치면서 충동적으로 전개되었다. 나는 가능한 한 비교할 수 있는 기법들로 분류를 하여 아이들에게 보여 주었다. 이런 교사의 역할은 아이들로 하여금 더 많은 기법을 탐구하여 추구하도록 하는 데 영향을 미쳤을 것이다. 이 방법은 이미 깜지 활동에서 보았던 지식화의 한 방법이라고 할 수 있다. 아이들의 활동을 관찰하여 '지식화'해 내는 것이다. 그렇지만 이와 다른 방향으로도 지식적 접근을 할 수 있다. 교사가 전문가로서 가진 미술 지식을 이용하여 더 많은 정보를 아이들에게 제공하는 것이다.

나는 미술사적인 지식을 동원하여 이를 추상 미술 혹은 추상 표현주의 미술과 연계시켰다. 유명한 추상 작가들 중에 아이들이 그린 것과 유사한 작품들을 골랐다. 가능한 한 그 느낌과 맥락을 일치시키기 위해 나는 아이들의 작품 이미지에서 일부분을 잘라 냈고 그렇게 작가들의 작품과 병치시켜 아이들에게 보여 주었다.

아울러 작가에 대한 소개도 했다. 이를 통해 아이들이 자신들의 활동이 단순한 놀이를 넘어서 미술 활동의 일부라는 사실을 알게 하고 싶었다. 유명 화가들의 작품과 자신들의 활동에

🖙 4-6

프란츠 클라인*의 작품(위)과 병치된 9세 아동의 작품(아래).
(위) 프란츠 클라인(Franz Kline), 무제(Untitled), 1950, 패널에 유채, 39.4×74.3cm

* 1910년 미국에서 태어나 활동한 추상 표현주의 작가.

📖 4-7

김환기*의 작품(왼쪽)과 병치된 9세 아동의 작품 일부(오른쪽).
(왼쪽) 김환기, 10-VIII-70 #185(어디서 무엇이 되어 다시 만나랴 연작), 1970, 코튼에 유채, 292×216cm
ⓒ (재)환기재단·환기미술관

* 1913년 한국에서 태어나 미국 등지에서 활동한 작가.

유사성이 있다는 것을 확인하면서 활동에 대해 한층 더 자신감을 가지는 듯했다. 이후에도 물감 활동에 지칠 줄 모르고 몰입하였고 많은 아이들이 즐거워하였다. 이러한 활동은 6학년 시기까지 지속되었는데 고학년으로 올라갈수록 물감과 종이를 마구 소비하던 모습에서 벗어나 점차 안정적으로 자기 방식의 표현을 탐구하는 데 집중하는 모습을 지켜볼 수 있었다. 그것은 경험의 누적뿐 아니라 나이가 들고 성숙하는 만큼의 성장도 반영된 것으로 추측할 수 있다. 물론 이러한 지식의 제공이 아이들의 생각을 제한할 수 있다는 우려도 있지만 긍정적인 효과가 더 크다고 판단하여 그렇게 했다.

☞ 4-8

잭슨 폴록*의 작품(왼쪽)과 병치된 9세 아동의 작품 일부(오른쪽).
(왼쪽)잭슨 폴록(Paul Jackson Pollock), 수렴(Convergence), 1952, 캔버스에 유채, 237×390cm

* 1912년 미국에서 태어나 활동한 추상 표현주의 작가.

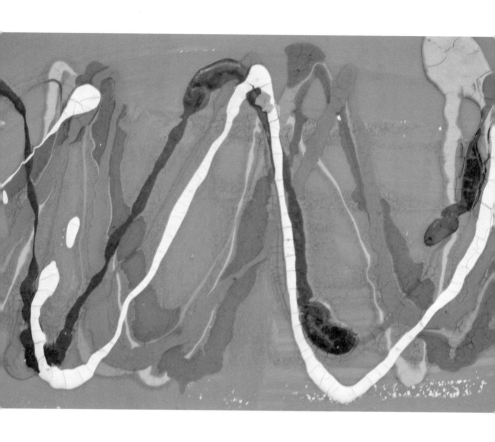

4

서예에서
– 지식적 차원과 자기표현

　　미술 활동이 자기표현에서 출발하기도 하지만 먼저 기능적으로 배워 익혀야 하는 차원도 있다. 나는 그것 또한 지식적인 차원이라고 말한다. 전통 서예 쓰기는 배워 익혀야 하는 활동이라는 면에서 지식적 차원에서 출발하게 되었다.

　　6학년 시기의 서예는 한글 궁체로 시작하였다. 유튜브에서 제공된 궁체 쓰기 기초 영상들을 활용하여 획 쓰기 연습을 하였다. 영상을 보며 똑같이 따라 하는 활동이었다. 각각의 획들을 한 번씩만 체험해 보더라도 여러 시간이 걸렸다. 때문에 활동이 지루한 것은 당연한 일이라 할 수 있었다. 이때 아이들은 순간순간 샛길로 샜다. 해찰을 부리는 것이지만 나는 이 역시 자기표현이라고 보았다.

🖙 4-9

12세 아동들의 활동. 서예 활동 중에 아이들은 틈틈이 딴짓을 하였다.

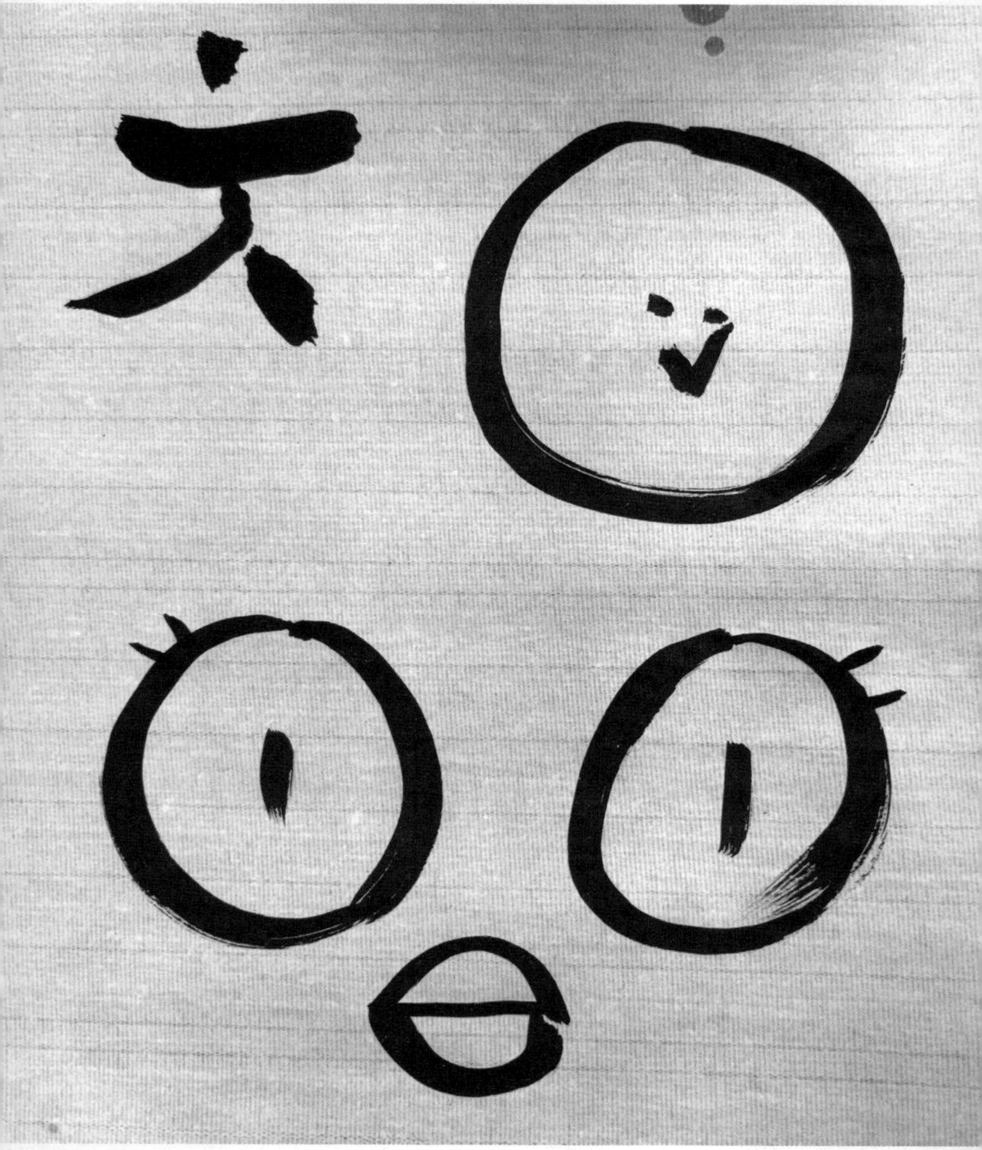

그래서 크게 방해가 되지 않는다면 채근하지 않는다. 완전히 딴 길로 새서 돌아오지 못할 지경으로 여겨지면 나중에 기회를 줄 테니 지금은 이걸 배우는 데 집중해 보라고 타이른다. 그렇게 하여 아이들의 활동은 궁체 쓰기의 최종 목표인 '푸른 하늘 깊은 바다'를 배운 대로 쓰는 데까지 이어졌다.* 여러 시간이 걸리기는 했지만, 가능한 한 짧은 시간의 활동으로 마무리 지으려고 노력했다. 전통적인 궁체 쓰기를 숙달하게 하는 것을 목표로 했던 것은 아니었기 때문이다. 어느 정도 체험하는 것만으로도 전통문화를 몸으로 느끼게 하는 효과를 가질 것이라 생각했다. 또 너무 오래 한다면 아이들 대부분이 지쳐 버려 오히려 역효과를 낼 것이 뻔하였다.

정자 쓰기를 마치고 예고한 것처럼 자연스레 쓰고 싶은 방식으로 쓰는 시간을 가졌다. 더 이상 정해진 규칙 없이 자신이 원하는 방식으로 쓰는 것이었다. 정자로 쓰기 위해 참고 억눌렀던 에너지를 발산하는 시간이었다. '지식적 차원'에서의 글쓰기가 '자기표현'의 차원에서의 글쓰기로 이어진 것이다. 나는 화선지와 모필을 사용하는 전통적 표현법이 우리 몸에 친숙한 특성이 있다고 여기기에 이러한 과정을 수업에 포함시켰고, 이를 통해 자기표현에도 전통문화적인 특성이 가미될 수 있다고 생각하였다.

* 맹범호의 미술교육 자료실(www.art2me.org)에 있는 작품을 예시로 보고 쓰도록 하였다.

▭▷ 4-10

12세 아동의 작품. 정자 쓰기 결과이다.

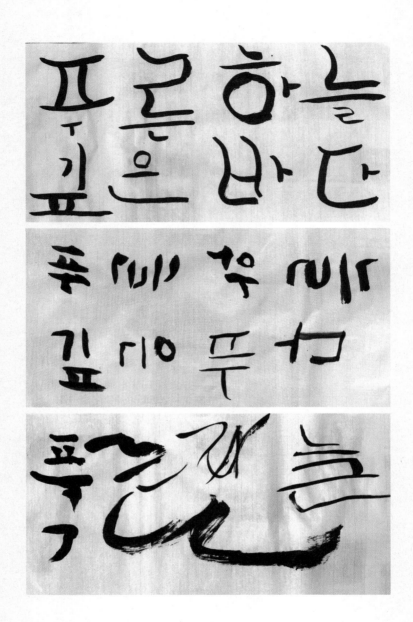

12세 아동들의 작품. 정자 쓰기 후에 자유로운 표현 방법으로 쓴 것들이다.

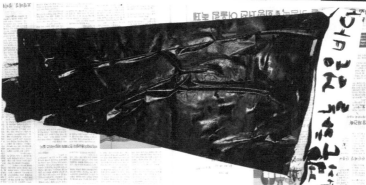

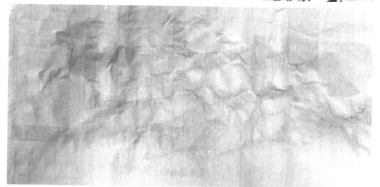

아이들은 글쓰기를 가지고 자유롭게 표현하고 즐겼다. 글씨체를 바꿔 보거나 쓰는 방식을 달리하거나 그림을 곁들이기도 하였다. 어떤 아이는 먹을 쓰지 않고 물만으로 쓰는 흥미로운 시도를 하기도 하였다.

이후 활동은 다시 정자 쓰기로 되돌아가거나 캘리그래피 활동으로 나아갈 수도 있었을 것이다. 그러나 아이들은 자유로운 표현 활동에서 이미 서예를 넘어 미술 표현의 차원으로 발전해 있었다. 나는 이에 수묵의 농담과 필법에 대해 학습을 시키고 바로 자유로운 수묵 표현으로 넘어갔다.

이 수업에서 나는 기법만 가르치고 무엇을 표현할지는 아이들에게 맡겨 두었고, 6학년 시기가 되니 아이들에게는 그런 방식으로 하는 활동이 아주 익숙해졌다. 아이들은 시간이 주어지면 자연스레 적극적으로 자기 나름의 표현을 탐구하였다. 이때 종이가 충분히 제공되는 것은 필수적이다. 그래야 아이들이 마음 놓고 실험을 하게 되기 때문이다.

본 활동은 여기까지 '지식적 차원(궁체 정자 쓰기)→자기표현(자유로이 쓰기)→지식적 차원(수묵의 농담과 필법 익히기)→자기표현(자유로운 수묵 표현)'으로 진행되었다. '자기표현'에서 '지식적 차원'으로 나아갔던 깜지와 다르게 서예는 '지식적 차원'에서 '자기표현'으로 나아가는 과정을 밟았다고 할 수 있다. 어느 것이 먼저 이루어지든 간에 '자기표현'과 '지식적 차원'의 반복되는 리듬으로 활동은 지속된다고 할 수 있다. 일시적인

🖝 4-12

12세 아동들의 작품. 수묵의 농담과 필법을 배운 후에 아이들은 다양하게 표현 효과를
탐구하였다.

자기표현으로서 미술과 지식적 차원

프로그램이 아닌 이상 말이다. 그리고 배움은 그런 지속성에 의해 실현된다고 할 수 있다.

자기표현 → 지식적 차원 → 자기표현 →
지식적 차원 → 자기표현 → 지식적 차원 →

그런데 교사가 '자기표현', '지식적 차원'을 구분하여 활동을 설정하여 수업을 기획한다고 해서 아이들의 활동이 그렇게 명확히 구분되는 것은 아니다. 지식적 차원의 활동을 하는 가운데에서도 자기표현이 나오고 자기표현의 과정에서도 지식적 차원이 개입된다. 이런 활동이 지속되다 보니 같은 활동에서 지식적 차원과 자기표현이 동시에 서로 길항 작용을 하는 것이 자연스러워지는 것을 볼 수 있었다.

수묵의 마지막 활동은 겸재 정선의 〈인왕제색도〉 일부를 잘라 내어 모사하는 것이었다. 초등학교 6학년 아이들이 〈인왕제색도〉를 그대로 따라 그리는 것은 어려운 일이지만 아이들은 똑같이 그려야 한다는 강박으로 힘겨워하기보다는 각자 자기 나름의 표현 방식으로 다시 그려 내고 있었다.

▷ 4-14를 보면 나름대로 〈인왕제색도〉를 흉내 내어 그리려고 애쓰고 있고 그만큼 수묵화가 가진 먹의 농담의 특징을 잘 살려 내고 있다. 그렇지만 ▷ 4-15의 경우는 거의 자기 방식으로 그려 냈다. 얼핏 보면 〈인왕제색도〉를 보고 그린 것 같지 않

▷ 4-13

위는 〈인왕제색도〉 원본이고 아래는 그 일부를 잘라 내어 아이들이 모사하여
그리게 한 부분이다.

(위) 정선, 정선필 인왕제색도, 1751, 종이에 수묵담채, 79.2×138.2cm*

▭▷ 4-14

12세 아동의 그림. 〈인왕제색도〉를 흉내 내어 그리려고 애쓰고 있고 그만큼 수묵화가 가진
먹의 농담의 특징을 잘 살려 내고 있다.

☞ 4-15

12세 아동의 그림. ☞ 4-14의 아이와 마찬가지로 〈인왕제색도〉의 일부를 모사하여 그렸지만 거의 자기 방식대로 그리고 있다.

을 정도인데 자세히 살펴보면 〈인왕제색도〉에 있는 집이며 나무며 바위 등이 그림 속에 있다는 것을 알 수 있다. 〈인왕제색도〉를 모사하여 그린다는 것은 지식적인 차원의 활동이라고 할 수 있지만 그런 활동에서도 아이들은 이렇게 자기표현을 담아내어 그림을 그리고 있는 것이다.

5

입체 표현에서의
전개

공간 속에서 입체로 표현하기 위해서는 재료를 입체화할 수 있는 구조에 대한 인식을 가져야 한다. 그런 면에서 입체 표현 활동 자체가 지식적 차원을 포함한다고 할 수 있다. 3차원 공간을 표현해 내는 것이 일반적으로 고학년 때부터 가능하다는 점도 그런 인지적인 측면을 보여 준다고 할 수 있다.

그래서 3학년 시기에는 입체적 재료를 제공하면서도 그것을 입체로 표현해야 한다는 과제를 부여하지 않았다. 아이들이 재료로 만든 것이 평면적이든 입체적이든 개의치 않았다. 오히려 다양한 재료를 제공하여 그 물성과 함께 표현의 즐거움을 풍부하게 누리도록 하는 데 초점을 두었다. 앞 수업과 뒷 수업의 차이는 그 재료가 달라지는 것으로 구분될 뿐이었다. 그러니까 그것은 입체 표현 수업이라기보다는 다양한 재료 활동이라고

🔖 4-16

10세 아동들의 활동. 둘이 짝지어 가장 높게 쌓아 만들기를 한 활동 결과이다.

할 수 있다.

그러다가 4학년 시기에 한 차례 입체적 과제를 부과하였다. 입체적 접근을 의식할 수 있도록 하기 위해서였다. 경쟁적인 방식으로 과제를 부여했는데, 바로 '가장 높게 만들기'였다. 재료는 스티로폼 볼과 핫바 스틱이었다. 개인차에 얽매이지 않도록 하기 위해 2명씩 짝을 지어 하도록 했다. 넘어지지 않게 높게 만들기 위해서는 아래가 넓고 안정성을 가져야 한다는 것을 배웠다. 아이들은 시행착오를 거쳐 가며 높게 만들고자 애를 썼다. 여기에는 자기표현의 차원이 거의 없으며, 미술적인 활동이라기보다는 기술적인 활동이었다고 할 수 있다. 활동 후 토론을 통하여 높게 만든 팀은 어떻게 했는지 탐구하는 과정을 가졌다. 그렇다고 모든 아이들이 이로써 입체적인 활동을 충분히 익히게 된 것은 아니었다. 이후 다시 자유롭게 표현하는 활동으로 되돌아 갔을 때 이를 활용하는 아이들도 있었지만 그렇지 않은 아이들도 있었다. 학년이 올라가면서 구조물을 만드는 활동을 본격적으로 하였는데 여전히 어려워하는 아이들이 있었다.

5학년 시기부터는 입체적 구조물을 만드는 것을 전제하여 활동을 시작하였다. 그래서 나는 이에 적합한 재료로 스트로우와 테이프 혹은 글루 건을 준비하고 아이들에게 '건축적 표현을 하라'는 과제를 주었다. 건축이란 넘어지거나 무너지지 않게 세우는 것이라 설명하면서, 구조가 드러나는 탑, 건물, 다리

와 같은 이미지를 예로 들어 설명하였다. 수업 안내는 다음과
같았다.

- 입체적이고 건축적인 구조를 생각하며 멋진 모양으로 만든다.
- 처음에는 생각 없이 시작할 수 있다.
- 만들면서 생각나는 대로 그 모양을 다시 만들 수 있다.
- 크기는 상관없으나 무게와 균형을 고려하여 안정된 구조를 생각해야
  무너지지 않게 만들 수 있다.
- 다른 친구와 함께 할 수 있다.
- 글루 건은 손을 데일 수 있으니 조심해야 한다.

기본적으로 개인 활동이었지만 경우에 따라서 친구와 함께
할 수 있도록 열어 놓았다. 대부분 잘했지만 몇몇 아이들의 경
우 여전히 어려워했다.

활동 후 아이들의 결과물을 모아 놓고 함께 감상하면서 어떻
게 만들려 했고 어떤 점에서 어려웠는지 이야기를 나누었다.
아이들은 이 과정에서 교사가 '건축적'이라고 말했던 것을 자
신들의 활동을 통해서 재발견하면서 구체화할 수 있었다. 좀
더 체계적인 지식적 과정이었다고 할 수 있다.

이 활동이 끝난 후 나는 아이들에게 그 작품을 가지고 무엇
이든 '새롭게 표현해 보라'고 다시 과제를 냈다. 그 자체를 변
경하거나 무엇을 더 첨가하든 간에 그것을 새로운 물건으로 만

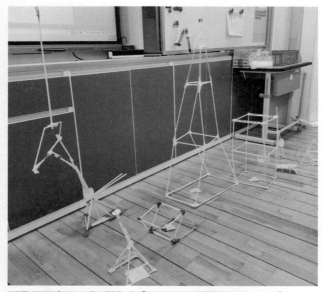

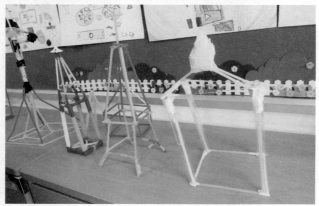

☞ 4-17

11세 아동들의 활동. 스트로우를 이용하여 건축적인 표현을 하라는 과제를
수행한 것들이다.

들어 보라고 했다. 그러니까 건축적으로 표현해 보라는 첫 번째 활동은 아이들이 구조적이고 입체적인 작품을 만들기 위한 의식적 과정으로 배치된 것이라 할 수 있다. 그것을 바탕으로 다음과 같이 새로운 과제가 주어진 것이었다.

- 지난 시간에 만든 것을 이어서 만들 수 있다.
- 고쳐 만들 수 있다.
- 부수거나 수정하여 제작할 수 있다.
- 새로운 재료를 활용하여 만들 수 있다.
- 새로운 재료는 색종이, 쿠킹 호일, 랩 등이 있다.

이미 만든 것을 훼손하는 아이들은 없었다. 다만 그것에 추가하거나 규모를 키워 가는 방향으로 작업이 흘러갔다. 어떤 아이는 아예 새로운 물건으로 변화시키는 열정을 보였는가 하면, 그것을 꾸며 좀 더 예쁘게 만들거나 이미 만든 구조에서 발견한 느낌을 강화해 가는 방향으로 작업을 전개하는 아이들도 있었다. 지식적 차원이 매우 큰 비중을 차지하고 있는 활동이었지만, 그것에 자기표현의 욕구를 실어 내게 되기를 기대하였다. 바람대로 나는 아이들마다 자기가 가진 표현 욕구를 작품에 담아내고 있음을 느낄 수 있었다. 이런 활동을 거치면서 아이들이 공간적이고 구조적인 작업에 한 걸음 더 다가가게 되었으리라 생각한다.

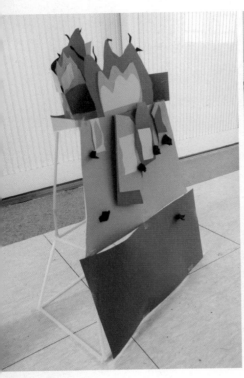

🖎 4-18

11세 아동들의 작품. 건축적 구조를 표현한 작품을 활용하여 자유롭게 나타냈다.

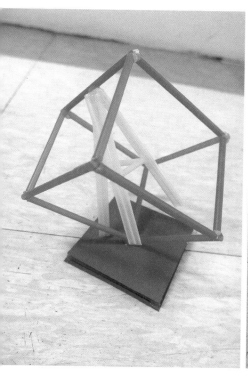 

6

에필로그

보고 그리기에서의
자기표현

자기표현이라 하면 대체로 주제에 대한
제한이 없는 가운데 스스로의 욕구와 충동에 따라 표현하는 것
이라 생각할 것이다. 하지만 보고 그리기라는 명백한 주제가
있고 보이는 대로 그려야 한다고 규칙이 정해져 있건만 여기에
서도 여전히 자기표현은 발현된다. 만일 자기표현이 발현되지
않는다면 그 아이가 그린 그림이 아닌 셈이다. 그것은 때때로
연필을 사용하는 방법과 태도에서 드러나기도 한다. 어떤 아이
는 단호하고 매끄러운 선을 긋는가 하면 어떤 아이는 조심스럽
고 부드러운 선을 사용한다.

그러나 그것을 넘어서 대상을 다루는 데서도 자기표현의 순
간들이 있다. ☞ 4-19는 같은 시간에 같은 아이가 그린 것이다.
수국을 보고 그리고 있는데, 왼쪽 그림을 어렵게 그리더니 종

▷ 4-19

9세 아동의 그림. 같은 아이가 같은 대상을 같은 시간에 그린 그림이지만 그 표현에 차이가
있다.

자기표현으로서 미술과 지식적 차원

이 한 장을 더 달라고 하여 오른쪽 그림을 금세 그려 냈다. 같은 시간에 그린 것이지만 오른쪽에서 훨씬 집중적으로 관찰하며 세심하게 그리고 있음을 알 수 있다. 나는 신기해서 수업이 끝나고 아이를 불러 인터뷰를 하였다.

교사 : 이번에 그린 수국 2개 중에 처음 그린 것과 두 번째 그린 것 중에 어느 것이 더 잘 그린 것 같으니?

지은 : 두 번째요.

교사 : 선생님도 이번에 이 수국이 이전 그림들을 포함해서 제일 잘 그린 것 같아. 왜 더 잘 그리게 되었을까 궁금해서 묻는 거야. 왜 더 잘 그리게 되었을까?

지은 : 잘 모르겠어요.

교사 : 집에서 그림 그리기를 한다든가 따로 그림 그리는 일을 하니?

지은 : 아뇨, 전혀. 따로 그림 그리기를 안 해요. 미술 시간에만 해요.

교사 : 선생님이 보니까 그리면서 꽃을 하나 그리고 "아이 이쁘다" 하면서 쓰다듬고, 또 하나 그리고 쓰다듬고 했잖아. 그럼 첫 번째 그림도 그리면서 그랬니?

지은 : 아뇨. 두 번째 그릴 때만 했어요.

교사 : 왜 그랬어?

지은 : 잘 그려져서요.

교사 : 재미있었어?

지은 : 네, 재미있었어요.

교사 : 뭐가 재미있었어?

지은 : 꽃을 하나 그리고 또 하나 그리고 하면서 그려 가는 것이 재미있었어요.

교사 : 또 수국을 그리라고 하면 할 거야?

지은 : 아뇨.

교사 : 왜?

지은 : 힘들었어요. 팔이 많이 아팠어요.

교사 : 그런데 재미있었잖아?

지은 : 네, 재미있었지만, 힘들었어요.

아이는 분명 오른쪽 그림이 훨씬 잘 그려졌다고 말을 한다. 여기서 흥미로운 것은 잘 그린 것이 아니라 잘 '그려진' 것이라고 하는 대목이다. 자신이 스스로 했지만 그것을 수동형으로 표현하고 있다. 한편으로는 왜 잘 그렸는지 묻는 질문에 잘 모르겠다고 했다. 말하자면 자기도 모르게 잘 그려진 것이다. 그래서 스스로 너무 즐거웠고 팔이 아파도 참고 계속 했다. 아이는 의식적으로 무언가를 해서 잘 그린 것이 아니라 대상에 빠져들면서 그렇게 하게 된 것이었다.

나는 여기에 의지를 넘어선 자기 충동이 있으며 의식하지도 못하는 가운데 몰입하게 되었다고 본다. 대개 사람들은 그럴 때 무엇이든 더 잘하게 된다. 나는 그것을 자기표현의 차원이라고 본다. 그 순간에는 교사나 친구의 시선을 전혀 의식하지 않았을 것이다. 그러는 가운데 자기 자신에 빠져드는 것이다. 다른 것을 모두 떠나 오로지 대상과 자신만의 만남이 성립된

🔖 4-20

9세 아동의 그림. 튤립을 자기 방식대로 그려 내고 있다.

것이고 그래서 그 대상을 통해서 자기가 표현되었다고 할 수 있다.

그렇다고 아이가 이후에도 계속 그랬다는 것은 아니다. 이후 활동에서는 또다시 교사와 친구들을 의식하면서 어려워했다. 지난번엔 잘 그려졌는데 그게 잘 안 되는 것이었다. 지난번에 잘 그려졌다는 것이 오히려 부담으로 다가왔을 수도 있다. 교사와 인터뷰를 한 것이 그런 부담감을 키운 측면도 있는 것 같았다.

앞에서 한번 본 적이 있는 ☞ 4-20의 경우도 자기표현으로 바라보아야 한다. 아이는 일반적인 꽃과 다르게 생긴 튤립을 보고 내적 갈등을 겪으면서 스스로 튤립의 이미지를 창조해 낸 셈이다. 그것은 대상과 자기 이미지 사이에서 벌인 갈등의 소산이고 그 갈등이란 자기가 표현된 결과라 말할 수 있다. 때문에 우리는 그것을 잘못 그렸다고 평가해서는 안 된다. 결코 잘못 그린 것이 아니라 분명 자기 나름의 성취를 해낸 것이다.

어떤 주어진 과제가 있더라도 교사는 이와 같이 아이의 활동이 가진 양면을 동시에 보아야 한다. 아이가 성장의 노정에 있다는 것을 이해하면서 아이의 편에 서서 무엇을 격려하고 고무할 것인지 판단해야 한다. 그리고 언제 어떻게 개입하고 도움을 주어야 할지 또한 판단해야 한다. 아이는 지금 새로운 세계를 그려 내는 중이기 때문이다.

이미지를
가로질러

자유 표현으로부터

인물 그리기로부터

김홍도의 〈씨름도〉 속으로

에필로그 – 공간의 발견

1

자유 표현으로부터

이미지의 힘은 세다. 한번 생산되는 순간 하나의 세계를 형성한다. 그래서 자신이 그린 그림 또한 아무리 자유롭게 표현한다고 하더라도 하나의 세계로 자리 잡게 된다. 익숙한 방식으로 그림을 반복하게 되는 이유이다. 상업적으로 생산되어 배포된 이미지들 또한 아이들의 머릿속에 들어와 굳건히 자리하고 있다. 상상하여 그리기 혹은 자유롭게 그리기를 했을 때, 대체로 스스로 상상하지 않으며 자유롭게 그리지도 않는다. 이미 알려진 이미지들을 알려진 방식으로 배치하기 십상이다. 제대로 베껴 내지 못한 것을 부끄러워하기도 한다. 그래서 견본을 보고 따라 하려 하거나 그리기를 두려워하고 자신이 해낼 수 있는 이미지 범위를 넘어서려 하지 않는다.

이미지라는 것이 애초 그런 것이기에 아이들이 그것으로부터 벗어나 살 수 없음은 당연하다. 스스로 이미지를 생산하는 현장에 있더라도 이미지의 영향력은 그렇게 작용한다. 나는 그래서 이미지 또한 놀이의 대상으로 삼을 수 있어야 한다고 생각했고, 그것을 위해 생산된 이미지를 잘라 다시 분배하고 결합하는 놀이 시간을 가지고자 했다. 물론 그러한 재분배와 재배치 과정에서도 아이들은 익숙한 메커니즘을 따를 가능성이 크지만, 한번 부여했던 질서를 바꿔 보는 것은 그것을 좀 더 융통성 있게 만드는 과정이 될 것이라 생각했다. 이를 위해 콜라주 기법을 활용했다.

먼저 자신이 그리고 싶은 것을 그리는 활동을 하였다. 그림은 자유롭게 생각나는 대로 여러 장 그릴 수 있었다. 그리고 추가로 아무것도 그리지 않고 색을 칠하기만 하는 활동을 하게 하였다. 깜지의 연속선상에 있는 활동이었지만 여러 가지 색을 사용할 수 있는 것이 달랐다.

그 다음에는 자신이 그림을 모아 놓고 활용하고 싶은 부분을 오려 새로운 그림을 만드는 활동을 하였다. 아이들은 자신의 그림에서 오려 낸 것들을 새 종이에 새롭게 배치하였고 그런 다음 다시 채색하거나 다른 활동을 더해 새로운 그림을 만들었다. 그렇게 이미 그려진 그림에서 새로운 그림이 생겨났다.

☞ 5-1의 아이는 그리고 싶은 것을 표현한 그림을 3장 그렸고, 색칠하기만 하는 것을 1장 그렸다. 그렇지만 그리고 싶은

▭▷ 5-1

9세 아동의 작품. 자기가 그린 4장의 그림을 오려 조각낸 것으로 다시 표현하여 나타냈다.

☞ 5-2

9세 아동의 작품. 자기가 그린 2장의 그림을 오려 조각낸 것으로 다시 표현하여 나타냈다.

3장의 그림이 정작 스스로 이미지를 떠올려 그린 것이 아니었다. 처음엔 몇 번 시도하는 듯하더니 포기하고는 교실에 있는 책을 들고 와 거기 있는 것을 보고 그렸다. 그나마 색칠만 한 그림은 스스로 그린 셈이었다. 스스로 그리는 것을 무척 힘들어하는 아이였다. 그런데 이들을 모아 새로운 그림을 만든다는 것은, 온전히 스스로 그림을 떠올려야 하는 일이었다. 이때 아이는 무지개처럼 채색한 그림에서 무대를 떠올렸다. 자연스레 무대 한가운데 태극기가 게양되었고, 무대 밑으로 개미집이 자리했다. 자신의 그림들이 이렇게 예기치 못한 상황으로 확장해 간 것은 아이 입장에서 매우 성취감이 있는 결과였다. 해 놓고는 으쓱해했으니 말이다. 그 이미지들을 가져온 것이 책이었듯이, 책 속에 갇혀 있던 견고한 이미지들은 새로운 상황 속에서 즐겁게 풀어헤쳐진 셈이었다.

☞ 5-2의 아이는 애초 상황적인 그림을 충분히 그려 냈다. 1시간 내내 1장으로 마무리했으니 말이다. 그런데 무지개 같은 모양의 색칠 그림은 ☞ 5-1의 아이처럼 무대를 연상시켰고, 그래서 상황은 풀밭에서 무대로 변화되었다. 또한 오려 붙이기를 하다 보니 입체화가 가능해졌고 그만큼 훨씬 경쾌한 상황을 만들어 낼 수 있었다.

☞ 5-3의 아이는 가능한 한 안전하고 견고하게 그림을 그려 내는 태도를 가지고 있었다. 그림을 그릴 때 꼼꼼하고 치밀하게 색칠할 뿐 아니라, 이미지들도 자신이 그려 낼 수 있는 범위

9세 아동의 작품. 자기가 그린 3장의 그림을 오려 조각낸 것으로 다시 표현하여 나타냈다.

에서 견고하게 묘사하여 나타내고 있다. 그렇지만 그것들을 오려 붙여 만든 새로운 그림은 좀 더 분방하고 경쾌해진 것을 볼 수 있다. 이미 있는 이미지를 자르는 행위는 그만큼의 자유로움을 불러내 주는 것이 분명하다.

　▷ 5-4의 경우는 3장의 자유로운 그리기와 1장의 색칠하기를 하였다. 그런데 이를 잘라 새로이 이미지를 구성하는 과정에서 자유 표현을 한 3장의 그림은 대부분 포기하고 색칠하기를 한 그림으로 주로 구성을 하였다. 아이는 이 이미지를 자르면서 문득 파도가 넘실대는 이미지를 떠올린 것이다. 그런데 다른 그림은 그것과 너무 다르기에 다 포기했고 새로이 그림을 그려 넣어 완성을 했다. 이미 있는 이미지에서 다른 이미지를 떠올려 그것을 타고 새로운 그림으로 흘러가는 것은 어쨌든 그만큼 가볍고 경쾌한 일이 되었을 것이다.

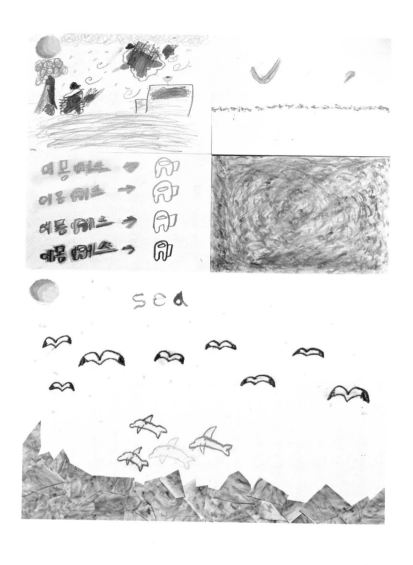

▱▷ 5-4

9세 아동의 작품. 자기가 그린 4장의 그림을 오려 조각낸 것으로 다시 표현하여 나타냈다.

이미지를 가로질러

2

인물 그리기로부터

인물 표현은 3학년 시기부터 6학년 시기까지 반복된 활동이었다. 3학년 시기에는 눈과 손 그리기 정도에서 끝을 냈지만, 4학년 시기에는 담임 선생님을 모델로 세우고 그리기를 했고, 5~6학년 시기에는 서로의 모습을 보며 그리기를 했다.

그러나 사람을 닮게 그린다는 것은 늘 어려운 일이고 그 때문에 잘 그리고 못 그리고의 문제에 봉착하여 좌절하기도 한다. 특히 친구를 처음 그릴 때 아이들은 닮았느니 안 닮았느니 옥신각신도 하였다.

나는 이로부터 해방되는 퍼포먼스가 필요하다고 생각해 친구 그리기의 콜라주 활동으로 들어갔다. 수업은 다음과 같이 계획되었다.

- 자기가 그린 친구 그림을 각각 5조각으로 자른다.
- 5조각으로 자른 그림을 친구들과 물물 교환하여 자신이 원하는 그림 조각을 모은다.
- 모은 조각을 8절 도화지에 늘어놓고 어떻게 조합할지 궁리해 본다.
- 궁리가 끝나면 그것을 풀로 붙인다.
- 다 붙이고 나면 여백을 이용하여 연필로 그림을 추가하여 완성한다.

친구 모습의 그림을 자른다는 것부터 아이들은 살짝 꺼림칙해했다. 나는 아이들에게 이것은 친구가 아니라 그림일 뿐이라고 했다. 잘 그렸다고 여기는 아이들은 아쉬워하기도 했는데 그렇지 않은 아이들은 오히려 홀가분해했다. 그림을 자르고 물물 교환이 시작되자 분위기는 반전되었다. 자신의 조각을 가지고 친구들과 1:1 교환을 해야 하는데 서로 원하는 그림과 바꿔야 하기 때문에 물건을 사고파는 분위기가 연출되었다. 왁자지껄하게 돌아다니고 흥정을 하는 모습이 흡사 전통 시장의 풍경 같았다.

아이들은 대체로 완전한 사람의 모습을 원하여 그렇게 이미지 조각을 모으려 했다. 그렇게 어떤 아이는 완전한 사람 모양을 재구성했는가 하면 어떤 아이는 그것이 쉽지 않았다. 아이들은 나름 모은 조각을 맞춰 새로운 구성을 해냈다. 그리고 부족한 부분이 있으면 다시 그려 넣기도 하면서 작품을 완성했다.

이런 활동은 개인적인 작업에 알게 모르게 깔리게 되는 경쟁

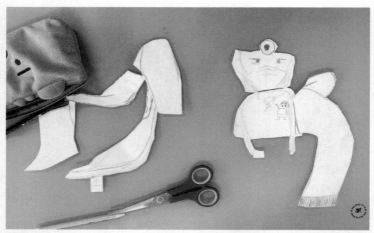

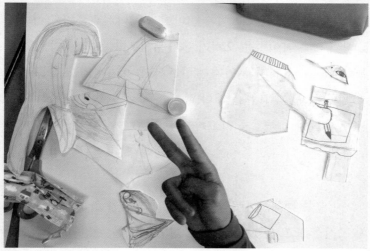

☞ 5-5

11세 아동들의 활동. 자신이 그린 그림을 잘라 조각을 낸 친구들과 물물 교환을 하여
조합해서 새로운 그림을 만드는 과정이다.

ᗕ 5-6

11세 아동들의 활동. 조각낸 그림을 물물 교환을 하여 조합해서 새로운 그림을 만든
결과물이다.

심이라는 무거움으로부터 벗어나는 효과가 있었다. 최선을 다해 그렸지만 또한 그것을 함께 나누는 일은 공동체적인 면모가 있다. 열심히 쌓아 둔 성과를 나누는 셈이다. 그리고 이는 왁자지껄한 분위기에서 어느 정도 이루어진 것처럼 보였다. 아이들이 매우 재미있어했으니 말이다.

이후 친구 그리기에 이어 자기 모습을 그리는 시간을 가졌다. 자신의 전신을 그리는 과제였다. 자기 자신은 볼 수 없으니 상상에 의존해야만 했다. 몇몇 아이들은 사진을 보며 그리기도 했는데, 대부분 상상에 의존했고 예상보다 훨씬 어려워했다. 보고 그리다가 안 보고 그리려니 더욱 그랬던 것 같고, 자기 자신의 모습이다 보니 특히 잘 그려야 한다는 의욕이 앞선 듯했다. 보고 그리는 것과 생각해서 그리는 것의 다른 측면이 여실히 드러나는 순간이었다. 이 활동에서는 그리는 것을 넘어 공간 속으로 이미지를 가지고 들어가는 데 목표를 두었다. 자기 모습을 스트로우 풍선대에 달아서 교실 혹은 학교 이곳저곳에 설치하고 촬영하는 활동이었다. 그림과 공간 혹은 사진을 오고 가며 아이들이 이미지에 대한 융통성을 가질 뿐 아니라 학교 공간에 직접 참여하는 이미지 놀이가 되도록 하고자 했다. 그렇게 되니 그림을 잘 그리고 못 그리고를 떠나서 이미지에 새롭게 접근하는 태도를 가질 수 있었다. 또한 자연스레 어울리면서 함께 놀고 즐기는 공동체적인 효과를 가질 수 있었다.

활동 방법은 다음과 같았다.

- 현재 나의 모습을 머리끝에서 발끝까지 사실대로 그린다.

- 종이 사이즈에 맞추어 최대한 크게 그린다.

- 하나의 포즈를 정하여 비례를 고려하여 그린다.

- 가위로 여백을 다 오려 낸 후 풍선대에 균형을 맞추어 테이프로 붙인다.

- 교실 공간에서 촬영을 한 후 선생님께 보여 주고 지도를 받는다.

- 교실과 야외 공간 등을 활용하여 자유롭게 촬영을 한다.

- 촬영 결과를 다 함께 감상한다.

🔲 5-7

12세 아동들의 활동. 자신의 모습을 그려 풍선대에 매달아 학교 곳곳을 다니며 설치하고
촬영한 결과이다.

이미지를 가로질러

3

김홍도의
〈씨름도〉 속으로

서구 미술 중심으로 되어 있는 우리
미술교육에서 전통 미술에 대한 교육이 좀 더 강화되어야 한다
는 것이 나의 생각이다. 특히 초등교육에서는 전통 미술을 좀
더 많이 다룰 필요가 있다. 어린 시절 전통 미술에 익숙해지면
서 점차 미술 세계로 들어갈 수 있다면 좋지 않을까. 그중 김홍
도의 〈씨름도〉를 비롯한 풍속화들은 꼭 다루어야 한다고 생각
했다.

한편으로 보면 전통 미술의 그리기 방식은 서구적인 표현 기
법에 비해 훨씬 자연스러운 측면이 있다. 그래서 보다 어린 시
기에는 더 쉽게 접근할 수 있는 그리기 기법이라고 여겨진다.
전통 미술 수업은 배워 익혀야 하는 측면이 있기에 고학년 시
기에 적합한 것으로 판단하여 6학년 수업으로 진행하였다.

본 활동은 무엇보다도 김홍도의 풍속화를 배우는 것이었다. 〈씨름도〉에 담긴 이야기를 듣고 그것을 따라 그려 보기로 했다. 전통 미술과 사회에 한 걸음 다가갈 기회를 제공하고자 함이었다. 그런데 이런 활동이 단순히 감상 활동으로만 머문다면 오히려 작품과의 거리감만 키울 위험이 있다. 전통 미술이란 그 시대적 거리만큼이나 재미없는 것이 될 수 있는 탓이다. 나는 이에 아이들이 작품 속으로 성큼 들어가 즐길 수 있는 방법으로 활동을 기획하고자 하였다.

그러기 위해서는 〈씨름도〉가 해체되어 아이들이 들어갈 자리를 만들 필요가 있었다. 활동은 EBS 지식채널 〈김홍도 씨름도의 비밀〉*이라는 영상을 함께 감상하는 것으로 시작하였다. 영상은 각각의 등장인물과 그 상황에 대해 상세하게 설명하고 있다. 영상을 본 다음 〈씨름도〉의 등장인물을 하나하나 가위로 잘라 해체하여 그중 그리고 싶은 인물을 선택하게 했다. 6명을 한 모둠으로 하여 활동을 하였기에 각각 다른 인물을 고르더라도 선택의 여지는 충분했다. 인물은 아이들끼리 상의하여 정하였는데, 어떤 모둠이나 그중 그림을 잘 그린다고 여겨지던 아이가 씨름을 하는 인물을 선택하는 것으로 합의가 되었다. 2명의 인물을 그려야 한다는 부담감에 잘 그린다고 하는 아이가 하도록 협의를 해내는 것이었다.

* youtu.be/n58Q1vlP7r4?si=RMnptuf1FGRO3AwO

📖 5-8

〈씨름도〉 원본(왼쪽)과 해체된 〈씨름도〉(오른쪽).
(왼쪽) 김홍도, 씨름,《단원 풍속도첩》, 18세기, 종이에 담채, 26.9c×22.2cm*.

* 본 저작물은 국립중앙박물관에서 공공누리 제1유형(공공저작물 자유이용허락 출처표시)으로
개방한 '씨름,《단원 풍속도첩》'을 이용하였으며 해당 저작물은 국립중앙박물관 누리집(홈페이지
(http://www.museum.go.kr)에서 무료로 다운받을 수 있다.

▭▷ 5-9

12세 아동의 그림. 왼쪽의 김홍도 〈씨름도〉의 씨름하는 사람을 보고 그렸다.

인물을 한 명 한 명 오린 다음 따라 그리게 한 것은 자신이 그려야 할 인물에 좀 더 집중하여 그릴 수 있도록 하기 위함이었다. 보이는 대로 그 모습이나 기법을 가능한 한 따라 그리도록 했다. 김홍도의 손길을 아이들도 실제로 경험해 보는 일이었다. 이렇게 하면 아이들이 그림의 디테일을 경험하게 되면서 전체적으로 감상할 때하고는 또 다른 감흥을 느낄 수 있기 때문이다.

그런데 종종 전체가 드러나지 않고 그림의 경계선에서 잘린 인물을 선정하여 그리는 아이들이 있었다. 이는 새로운 도전이라기보다는 그리기에 자신이 없는 경우였다. 이미지의 양이 작기 때문에 그리기 쉽겠다고 생각하여 덥석 선택했던 것이다. 그런데 나의 요구는 잘린 부분을 채워 그려야 한다는 것이었다. 그것은 이 활동의 최종 목표가 따로 있었기 때문이다. ☞ 5-10에서 그림의 등장인물은 앉은 아이라고 추정이 되기 때문에 왼쪽 아래의 경우는 앉은 모습을 최대한 유추하여 그림을 완성하였다. 그런데 오른쪽의 그림을 그린 아이는 앉은 모습을 상상하여 그리는 것이 엄두가 나지 않는 것이었다. 때문에 보이는 부분까지만 그리고 더 이상 그리지 못하고 있었다. 그래서 앉은 모습이 그리기 어려우면 서 있는 모습으로 그려도 된다고 하자 그제야 비로소 마저 그려 완성할 수 있었다. 안 보이는 부분은 상상의 영역이기 때문에 얼마든지 자기가 생각하는 대로 그려도 된다고 독려하는 게 내 역할이었다.

▷ 5-10

12세 아동들의 그림. 〈씨름도〉의 인물(왼쪽 위)을 한 명 골라 그리는 활동에서
잘린 부분을 상상해서 그려 넣으라고 하자 한 아이는 앉은 모습(왼쪽 아래)을,
다른 한 아이는 서 있는 모습(오른쪽)을 그렸다.

대략 완성된 그림들은 ☞ 5-11과 같다. 이들은 가위로 오려 모아 다시 씨름장을 입체적으로 연출할 예정이었다. 다음엔 각자 자신의 모습을 그렸다. 입체적으로 재구성되는 김홍도의 씨름장에 현재의 자신들도 등장인물로 개입하는 기획이었다. 이미 〈씨름도〉의 등장인물을 그렸음에도 이에 자신의 모습을 추가하도록 한 것은 현재적으로 자기 자신이 참여하는 상황을 연출하여 옛 그림인 〈씨름도〉와의 거리를 좁히는 기회를 가지려는 것이기도 했지만, 동시에 〈씨름도〉의 인물 표현의 기법을 자기 그림에 적용하여 배워 볼 기회를 갖고자 하는 것이기도 했다. 그러나 현재적인 모습을 전통적 표현으로 담아내기는 쉽지 않은 일이었다.

☞ 5-12는 각자 나름대로 등장하게 될 자신의 모습을 개성 있게 그려 낸 결과이다. 대체로 서 있는 모습을 그린 것은 인물의 동작을 묘사하는 것에 어려움을 겪기 때문이라고 할 수 있다. 이에 반해 표현력 있는 몇몇 아이들은 ☞ 5-13과 ☞ 5-14처럼 〈씨름도〉의 등장인물을 따라 자신의 모습을 그려 내기도 했다. 한번 모사했던 그림이 그 동작을 재현하는 데 도움이 되거나 동작을 연상하는 데 영향을 준 듯했다.

이렇게 하여 그려진 그림들은 모두 오려 풍선대에 달아 세웠다. 풍선대는 풍선을 불어 매다는 막대지만 그것을 뒤집으면 바닥에 세울 수 있어 활용도가 높다. 그렇게 하여 아이들은 모둠별로 모여 책상 위에 김홍도의 〈씨름도〉를 공간적으로 다시

🖝 5-11

12세 아동들의 그림. 〈씨름도〉의 인물들을 보고 그린 그림들이다.

이미지를 가로질러

12세 아동들의 그림. 각자 자기 자신을 그렸다.

구성하였다.

설정된 상황은 다음과 같았다. 우리는 200여 년 전에 김홍도가 그린 씨름의 현장을 방문하여 참여하게 되었다. 이에 그것을 기념하듯이 휴대전화를 가지고 사진을 찍는 것이 마지막 활동이었다. 여기에는 아이들이 일상에서 사용하는 휴대전화의 사진 기능과 효과를 좀 더 배워 보자는 취지가 있었다. 사진이 찍는 사람의 의도와 방법에 따라 다양한 효과를 가질 수 있음을 배우는 것이었다. 대개 아이들은 즉흥적으로 촬영을 하였는데, 촬영 결과물을 함께 감상하면서 프레임 안에 담아낸 대상의 특성이나 프레임의 각도 혹은 거리 등에 의해 그 느낌이 다르게 나타난다는 것을 확인하는 시간을 가졌다. 사진을 한 장한 장 보면서 의도와 효과에 대해 공부한 후에 다시 촬영하며 촬영 기법을 익혔다.

이 활동은 김홍도의 〈씨름도〉를 통해서 전통 미술을 학습하는 데서 출발하지만, 그 이미지를 스스로 다루면서 창작자의 의도과 행동에 따라 다르게 효과를 내고 표현할 수 있는 데까지 나아가고자 했던 것이었다.

그런데 공간을 연출하고 사진으로 재현하여 보고 끝내는 것에 많은 아쉬움이 남았다. 풍속화로서 〈씨름도〉가 이야기 그림인 만큼 각각의 인물들의 상황극으로 표현할 수 있다면 훨씬 〈씨름도〉다운 전개가 될 것 같다는 생각이 들었다. 그것은 책상 위에서 종이 인형극처럼 연출될 수 있었다. 국어나 사회, 체

☞ 5-13 ｜ 12세 아동의 작품. 〈씨름도〉등장인물을 보고 그린 것과 같은 자세로 자기 모습을 그렸다.

☞ 5-14 ｜ 12세 아동의 작품. 〈씨름도〉등장인물을 연상하면서 자신의 모습을 옛사람처럼 그렸다.

이미지를 가로질러

🖙 5-15

12세 아동의 작품. 자신의 모습을 풍선대에 얹어 세운 모습이다.

▷ 5-16

12세 아동들의 작품. 인물들을 풍선대에 매달아 미술실 책상 위에 세워 씨름장을 구성하였다.
이 두 컷의 사진을 통해서 촬영할 때 초점을 두는 곳에 따라 주인공이 달라진다는 것을
확인할 수 있었다.

🖐 5-17

12세 아동들의 작품. 〈씨름도〉의 등장인물과 자기 자신의 모습을 하나의 종이 위에 놓고
서로 대화하는 이미지를 만들었다.

육과 같은 교과와 연계하여 수업을 진행한다면 참 좋겠다는 생각을 했다. 의외로 씨름을 모르는 아이들이 많았는데 그런 전통문화와 연계하여 활동할 여지가 충분히 있었다. 그렇지만 그것은 나의 수업에서 가능한 것이 아니었다. 이에 아이들에게 자신이 그린 인물을 이용하여 대화를 나누는 상황을 간단하게 나타내 보게 하는 것으로 그나마 여운을 달래는 시간을 가졌다.

4

에필로그

공간의 발견

　　　　　수수깡은 만들기 활동에서 오랜 세월 사랑받아 온 재료이다. 내가 어린 시절에는 진짜 수수깡에 물을 들여 문방구에서 판매했고 그것을 이용하여 이것저것 만들었던 기억이 난다. 그런 기억이 있는 만큼 나 또한 교육 활동에서 수수깡을 자주 사용하였다. 아이들은 수수깡을 이용하여 여러 작품을 만든다. 특히 수수깡은 건축적인 표현에 아주 유용하다.

　과잉 행동이 좀 심한 아이가 있었다. 그래서 뭐든 집중력 있게 수행하기 어려워했다. 재료를 사용하는 데 실수를 자주 하다 보니 종종 주변 친구들에게 피해를 끼쳤고 수업 시간에 아이들의 원성을 듣곤 했다. 나도 조바심이 나서 그 아이를 조심시키려 애를 썼다. 한편으로는 외톨이 취급을 받는 것 같아 안

타까운 마음이 들기도 했다. 그만큼 신경이 많이 쓰이는 아이였다.

수수깡을 가지고 이것저것 시도해 보고 싶었지만 뜻대로 되지 않는 것 같았다. 그러던 중 아이가 수수깡을 그저 일직선으로 연결시키기 시작하였다. 무엇을 만드는 것이 아니라 그저 이어서 점점 길어지게 만들었다. 단순 반복 행위라 구조물을 만들어 내는 데서 오는 부담감이 없었던 것인지 그 활동에 흥미를 느끼고 몰입하기 시작하였다. 한편으로는 무엇인가 만들어지고 있다는 성취감도 따라오는 것 같았다. 그런데 그것이 점점 길어지더니 교실을 가로질러 벽까지 가고 있었다. 그러고는 어찌할까 잠시 망설이고 있는 것이었다. 이를 지켜보던 나는 창문을 열어 주고 창문 밖으로 계속 연장해 보라고 했다. 아이는 눈을 번뜩이더니 이내 다시 활동을 시작하였다. 아이는 이제 본격적으로 친구들이 만들고 남은 수수깡을 주우러 다녔다. 이에 다른 아이들도 관심을 가지기 시작하였다. 자신이 가진 수수깡을 들고나와 함께 연결하기 시작했고 그것은 정말 교실 문을 통해 밖으로 나가게 되었다. 수수깡은 점점 길어졌고, 그것은 복도를 가로지르고 있었다. 내가 어디까지 갈 거냐고 묻자 집에까지 갈 거라고 대답하였다. 수수깡은 급기야 계단을 내려가고 있었다.

정말로 집에까지 갈 수는 없는 일이었지만 아이들은 "정말 집에까지 갈까?" 하며 웃고 떠들면서 밖에서 잠시 놀다가 들어

☞ 5-18

10세 아동의 활동. 수수깡을 이어 교실에서 복도를 거쳐 계단으로 내려가고 있다.

올 수 있었다. 수수깡을 가지고 무엇을 만드는 것을 넘어 공간을 가로지르며 아이들의 놀이가 된 것이다. 만들기가 이미지로서 조형물이 되는 데서 그치지 않고 공간과 소통하게 된 사건이다. 아이는 애초에 그것을 의도하지는 않았을 것이다. 그것은 과잉 행동으로 조형물에 집중하기 어려운 이유 때문에 벌어진 일일 수 있다. 그런데 그로 인하여 일종의 전환이 이루어졌다. 아이는 공간을 발견하였고 친구들과 함께 그것에 참여하는 행위로 연결시켰다. 교사가 창문을 열어 준 것이 계기가 되었을 것이다. 아이의 행동이 가진 욕망을 읽어 내고 교사가 교실 밖으로 나갈 수 있도록 열어 주었고 그것은 새로운 발상으로 연결되었다. 물론 교사가 창문을 열어 주지 않았다면 아이는 다른 발상으로 이어 나갔을지도 모른다. 이렇게 활동은 아이와 교사가 상호작용을 하면서 확장되거나 방향이 틀어지거나 하기도 한다. 활동에서 교사의 역할을 생각해 볼 지점이다.

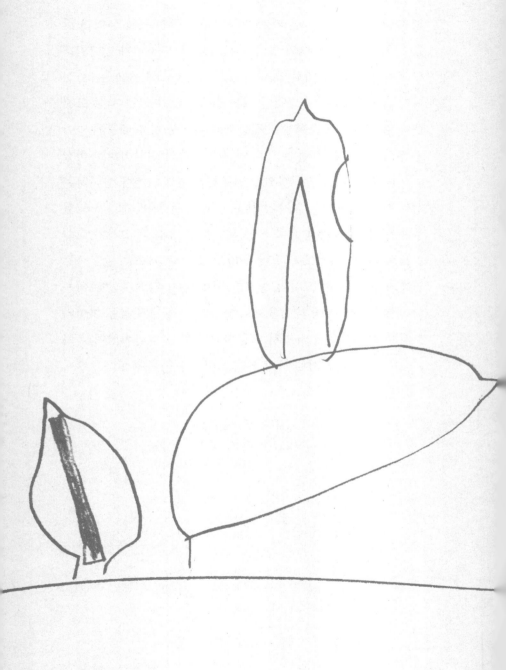

끊임없는
교사의 역할

자유롭지 않은 아이들

자기 존재의 표현으로서 미술

발달과 성장

사회적 과정으로

교실과 수업이라는 가상 공간

미술 교과의 독보적인 성격

1

자유롭지 않은
아이들

아동의 미술에서 교사의 역할을 무의미
한 것으로 보는 경향이 있다. 아이들은 순수하며 그 순수함을
토대로 자유롭게 창조적인 활동을 수행할 수 있도록 보장해야
한다고 말한다. 어른의 개입은 자칫 그것을 제한하거나 왜곡하
여 아이들의 순수성을 망가트릴 수 있다고 말이다. 이런 자연
주의는 교육학적으로는 루소로부터 출발한다고 말하는데, 미
술교육에서는 20세기 초반 치젝*이 이런 입장을 가지고 역설
했던 바가 잘 알려져 있다.

간섭은 조형적 창조에 유해할 뿐이다. (……) 교사는 숨을 죽이고

간섭하지 말고, 어린이 속에 있는 독자적인 것을 자유롭게

활동시키는 것이다.**

이런 주장이 원론적으로는 옳다고 생각하지만, 문제는 아이들은 이미 스스로 자유롭지 못하다는 사실이다. 내가 관찰한 바로는 3세만 되어도 이미 친구와 선생님의 눈치를 살핀다. 사람들로부터 사랑을 갈구하며 사랑받기 위해서 어떻게 해야 하는지 노심초사한다. 정도의 차이는 있지만 누구나 그것을 의식한다. 그 의식은 이미 엄마 품에서부터 시작했으리라. 아이들이 세상의 일원이 되어 가는 필수적인 과정이겠지만, 자기표현이라는 측면에서 보면 억압되거나 왜곡되는 과정이다.

사실 아이들이 그림을 배우는 일은 말을 배우는 것과 같다고 할 수 있다. 말이 어른들에 의해 전수되듯이 그림 또한 그런 것이다. 이렇게 그리면 사람이며 저렇게 그리면 고양이가 된다는 식의 도상이 가진 기본적인 표상성은 다 어른들로부터 전해진 것이다. 말을 배우고 글자를 배우듯이 그것들을 익혀 사용하게 된다. 그래서 아이들이 자유롭게 표현하도록 둔다고 해서 자신의 그림을 그리는 것은 아니다. ▷ 6-1과 대화를 살펴보자.

교사 : 과일 바구니를 그렸구나?

예은 : 네.

---

* 프란츠 치젝(Franz Cizek). 1865년 체코슬로바키아에서 태어나 오스트리아 빈에서 활동한 미술교육자.

** [김윤희(2009), 〈프란츠 치젝(F. Cizek)의 미술교육 사상에 관한 연구〉, 석사학위 논문, 서울교육대학교 교육대학원, 37쪽]에서 재인용.

🔖 6-1

11세 아동의 그림. 과일 바구니와 과일을 그렸다.

284

교사 : 좋아하는 과일을 그린 거니?

예은 : 아뇨?

교사 : 그럼 왜 그린 거니?

예은 : 그냥 그렸어요.

교사 : 어떤 과일을 좋아하는데?

예은 : 딸기요.

교사 : 근데 왜 딸기를 안 그렸어?

예은 : 어려워서요.

초등학교 5학년 교실에서 있었던 일이다. 그리고 싶은 그림을 자유롭게 그리는 시간이었다. 과일 바구니를 열심히 그리고 있어 말을 걸어 나눈 대화이다. 그러니까 아이는 과일 바구니에 특별한 의미가 있어서 그린 것이 아니었다. 말하자면 과일바구니라고 글을 쓰는 것과 마찬가지의 일이었던 것이다. 자신이 가장 수월하게 그릴 수 있는 그림이었을지도 모른다. 그리고 싶은 그림을 그린 것이 아니라 그릴 수 있는 그림을 그린 것이다.

그것은 결코 창조적인 활동도 아니며 그럴 의지도 없었다고 할 수 있다. 오히려 누구나 인정해 줄 수 있는 그림을 선택하여 그려 낸 것이다. 자유롭게 그리도록 하면 아이들은 대체로 이런 선택을 한다. 이런 상황에서 교사가 소극적으로 지켜보는 것만으로는 '독자적인 것을 자유롭게 활동시킬 수' 없다. 또한

'독자적인 것'이 무엇인지 알 수 없을 뿐 아니라 그러한 인식을 가지고 있지 않음은 너무도 당연하다.

그럼에도 미술 표현은 '자기표현'을 담고 있다. 단지 '과일 바구니'라고 글을 쓴다면 그것이 과일 바구니라는 의미만 담고 있으면 그만이다. 글자를 좀 잘 쓰고 못 쓰는 것을 품평할 수는 있겠지만, 그것이 글자의 의미를 넘어서는 효과를 지니는 것은 아니다. 그러나 과일 바구니를 그렸을 때는 전혀 다르다. 그것은 과일 바구니라는 의미를 훌쩍 넘어서는 효과를 가진다. 그것이 과일 바구니를 가리킨다고 하는 것을 넘어 사람들은 곧바로 잘 그렸느냐 못 그렸느냐를 주목하게 된다. 거기에는 그린 사람의 재능의 차원이 자리하고 있고 그 '재능'이라는 것을 고스란히 노출시키게 된다. 자신의 의지와 상관없이 그런 것이 드러나 표현된다. 심지어는 두려워하거나 우쭐거리는 심리적 상태까지 나타나기도 한다. 그것은 자기표현의 차원이라고 말할 수 있다. 그래서 많은 사람들이 그리기를 무서워한다.

그런데 그리기를 무서워하는 진짜 이유는 잘 그린다는 그 품평의 기준이 이미 사회 문화적으로 형성되어 있다는 데 있다. 잘 그린다고 하는 것에 개인의 재능의 차원이 있더라도 그것을 품평하는 기준과 가치는 전혀 개인적이지 않은 것이다. 거기에는 개개인이 가진 '독자성' 혹은 '고유성'이 설 자리가 없다. 그렇게 '자기표현'은 배제되고 억압되면서 성장하게 된다. 그것은 이미 아이들에게 주어져 있는 조건이다.

다시 치책으로 돌아가서 말한다면, '어린이 속에 있는 독자적인 것을 자유롭게 활동시키'기 위해서는 교사는 '간섭'을 하지 않는 것을 넘어 오히려 더 많은 조력과 지원을 해야 하는 것이다. 비교감 속에서 위축되지 않도록 해야 하고 스스로 해내는 것을 든든하게 지지해 주어야 한다. 그것은 아주 부단한 과정이다.

2

자기 존재의
표현으로서 미술

　　　　　　　　　　과일 바구니 이야기에서 한발 더 나아가
보자. 지금 여기 쓰여 있듯이 '과일 바구니'라는 바로 이 활자
에는 이것을 사용한 사람의 어떠한 개인적 의미나 효과도 나타
나 있지 않다. 그저 사회적으로 공인된 하나의 의미만 담아내
는 몰개인적인 표현이다. 그렇지만 그것을 펜으로 쓴다면, 거
기에는 쓴 사람의 손의 움직임으로서 독특한 특성을 지니게 된
다. 그래서 전문가들은 필체만을 가지고도 사람을 특정할 수
있다. 말하자면 '과일 바구니'라는 글씨는 과일 바구니라는 의
미를 넘어 쓴 사람의 존재를 오롯이 담아내는 그릇의 역할을
한다. 그만큼 유일무이한 고유성을 가지고 있다. 그 사람이 세
상에 고유한 존재로 자리하고 있다는 것을 일거에 드러낸다.
　물론 우리는 글씨 하나에 그런 의미를 부여하여 보지는 않는

다. 그러나 앞에서 말했듯이 그림은 다르다. 그림에서 사람들은 당장 그것을 그린 사람을 떠올리게 된다. 누가 그렸을까 궁금해하면서 그 이상의 의미를 찾거나 부여하고자 한다. 다시 말하면 그림은 그것이 나타낸 대상을 넘어서 그것을 그린 사람의 개별적인 존재가 표현되는 것이다. 그래서 사람들은 그림을 그릴 때 조심스러워하며 손을 떤다. 게다가 그것을 누군가에게 보여 줄 때는 말할 것도 없다. 어떤 순간에는 종이에 연필조차 대지 못하고 얼음이 되기도 하고, 그린 후에도 누군가 볼까 봐 그것을 찢어 버리거나 자신이 숨어 버리기도 한다. 자기 존재가 드러나는 것을 두려워하는 것이다. 사회적으로 품평되는 위계가 자리하고 있기 때문이다. 고유성이 있는 그대로 평가받기보다는 사회적으로 공인된 기준에 의해 평가받는다. 그래서 아이들은 그 서열화를 먼저 의식하며 움츠러들거나 우월감을 느끼거나 하게 되는 것이다.

그러나 그것은 우열로 줄 세워지기 전에 이미 하나의 존재성으로 그 고유한 가치를 지니고 있다. 길가에 핀 풀꽃들이 그 자체로 아름다움의 대열에 참여하는 것처럼 아이들 역시 그 자체로 빛나고 아름답다는 것을 인식해야 한다. 그래야 각각의 존재는 자기 자신으로 힘을 가지며 세상을 살아갈 수 있다.

아이들이 누구나 그림을 잘 그릴 수 있도록 배운다면 그러한 문제가 해결되지 않을까 하는 생각을 할 수 있다. 그런 입장에서는 기능적으로 훈련을 시키는 교육을 선호하게 된다. 사회적

▷ 6-2
38세 지적장애인의 그림. 다양한 형태의 사람을 그리고 있다.

으로 잘 그렸다고 품평되는 기준에 아이들이 도달할 수 있도록 부단히 훈련시키는 것이다. 훈련을 통해서 어떤 아이들은 그것을 어느 정도 해낼 수 있을지도 모른다. 사람들에게서 칭찬을 받고 뽐내며 그로 인해 만족을 얻는 것이다. 그러나 그것으로 그만이다. 아이가 자기 자신으로서 실현될 수 없음은 너무도 당연하다.

무엇보다도 큰 한계는 누구나 잘 그렸다고 여겨지는 그런 목표대로 숙련되기 매우 어렵다는 것이다. 개별적인 고유성이 너무도 강력하게 작용하기 때문이다. 그것은 정해진 방식과 틀에 맞춰 통제되거나 쉽게 길들여지지 않는다. 고유성이란 그만의 특성으로 고스란히 드러나기 마련이다. 그래서 정해진 기준과 방식대로 하려 하면 할수록 좌절감과 실패감만 갖게 되며 못난 자신을 미워하는 결과를 가져올 수 있다.

지적장애인의 미술 활동은 그런 점에서 흥미로운 참조점이 된다. 인지 발달이 정체되어 있는 만큼 다른 사람의 시선이나 그것이 만드는 위계에 덜 얽매인다. 그만의 인지적 특성이나 운동적 특성이나 기질, 그 충동적 표현이 통제되지 않은 상태로 쉽게 표현될 수 있다. 다른 방해를 느끼지 못하면서 자연스럽게 그런 표현을 풀어내게 된다. 그래서 자기만의 방식을 편안하게 반복하면서 일정한 패턴을 형성하여 개성적인 표현을 하기도 한다. 미술 표현의 본모습이다. ☞ 6-2는 한 30대 지적장애인의 그림이다. 이분은 2년째 토요일마다 나의 작업실에서 그림을 그려 왔는데 어느덧 이렇게 뭉글뭉글하고 귀여운 느낌의 사람 모습을 정형화하여 그려 내게 되었다. 아마도 그것이 스스로 기능적으로나 정서적으로 편안한 방식이었을 것이다.

그런데 그렇지 않은 대부분의 경우 규범과 위계를 내면화하며 성장해 온 과정만큼이나 통제와 억압감이 압도적일 수 있다. 잘했다고 여겨지는 기준에 얽매여 있으나 그 기준을 쫓아가지 못하는 자신의 손이 얼마나 원망스럽겠는가.

교사의 자리가 거기에 있다. 교사는 바로 그 손의 움직임을 따뜻한 시선으로 주목하는 사람이다. 그리고 그것에 가치를 부여해 주고 존재감을 살려 내는 데 힘을 주는 사람이다. 이에 다양한 교육적 방법을 사용할 수 있을 것이다. 여기 등장하는 방법들은 그 아이디어의 일부일 뿐이다.

물론 성장함에 따라 좀 더 복잡한 내적인 과제가 발생한다. 타인과의 비교 차원이 아니더라도 스스로 요구가 생겨난다. 발달이 가져다주는 자연스런 과정이다. 안 보이는 것이 보이고, 좀 더 복잡한 정신 작용이 개입하기 시작한다. 그에 따라 새로운 욕구가 생기고 지식적 차원이 요구되면서 그만큼 스스로 해결하기 어려워진다. 그래서 교육은 그것에 발맞추어 알맞은 과제를 개발하고 지원하는 역할을 해야 한다. 그의 표현에 힘을 주고 지지해 주는 것과 마찬가지로 발달 과정에서 발생하는 새로운 욕구에 부응해야 하는 것이다.

색, 형태, 구조 등 다양한 조형 요소들이 표현의 세계 안으로 들어올 수 있게 될 것이다. 또한 정신 활동에 따른 새로운 생각들도 담아내게 될 것이다. 그렇게 심화해 가며 자기표현은 성장기에 알맞은 내용을 가지게 된다. 흔히 알려진, 잘했다고 품평되는 모범을 따라 하는 것과는 다른 일이다.

3

발달과 성장

        대부분의 아이들이 일정한 발달의 과정
을 밟는다고 알려져 있다. 미술 활동에서 발달 단계론은 로웬
펠트*에 의해 연구되어 널리 보급되었다. 내가 경험한 바로 그
리기 활동의 발달 과정은 이렇다. 일반적으로 1세 시기부터 난
화scribbling, 亂畵**를 시작하고, 2세 시기쯤 되면 어떤 형태에 이
끌리다가 3세 시기 정도가 되면 분별하여 이름을 붙일 수 있는
간단한 도상을 그리기 시작한다. 물론 아주 초보적인 형태이기
때문에 이름 붙이기 나름이지만 말이다. 4~5세쯤이면 좀 더 구

---

* 빅터 로웬펠트(Victor Lowenfeld). 1903년 오스트리아에서 태어나 오스트리아와 미국에
서 활동한 미술교육자.

** 로웬펠트에 의해 명명된 것으로 아직 인지 기능과 손의 소근육이 발달되지 않은 시기에 무
엇인가 알 수 없는 불규칙한 선들을 그려 내는 활동을 말한다.

체적인 도상을 그려 낸다. 이미지 형상에 이끌리고 이미지 형상을 모사해 내는 것이다. 6세경에는 좀 더 보이는 사실을 주목하여 그려 내기도 한다. 그렇지만 보는 상황에서 드러나는 모양을 있는 그대로 주목하여 보고 그리는 활동은 훨씬 이후인, 대개 9~10세쯤부터 가능해지는 것 같다. 이때부터는 보이는 것과 그려진 것의 차이를 인식하면서 그 격차에 좌절하거나 두려워하는 모습들이 역력하게 드러나기 시작한다. 자기가 사물을 바라보고 있는 시선 자체를 인식하면서 보는 방향이나 각도, 거리 등에 의해 나타나는 모습의 차이를 의식하기 시작한다. 또한 그것을 보이는 그대로 재현하고자 한다.

만들기 활동에서는 1~2세 시기는 거의 촉감적인 활동에 머물다가 대략 3세 시기 정도가 되면 아주 간단한 형태를 만들기 시작한다. 4~5세쯤이 되면 좀 더 구체적인 도상을 만들어 내게 된다. 그러나 그것을 평면과 구분하여 입체로서 인식하면서 3차원 구조와 덩어리를 가지는 형태를 만들기 시작하는 것은 적어도 6세 이후이며 9~10세경에 좀 더 본격화되는 것으로 볼수 있다. 스스로 제작한 것이 3차원 덩어리로 표현되지 못할 때 좌절감을 가지게 되는 시기도 이때쯤부터인 것 같다.

그러나 이러한 것은 말 그대로 일반적인 모습일 뿐이다. 아이들마다 그 발달에 차이가 있고 경우에 따라서는 능력의 차이가 발생한다. 그래서 어떤 아이는 해내는데 어떤 아이는 해내지 못한다. 어떤 아이는 인식은 하지만 못 해내며 어떤 아이는 인식하지 못하거나 인식하는 시기가 더 늦게 나타난다. 또한 그것이 계단을 밟아 올라가듯이 순차적으로 나타나는 것도 아니다. 어떤 과제를 해냈다고 해서 이후 그렇게 계속되는 것도 아니다. 어떤 발달 단계에 들어섰다고 해서 이전의 활동과 표현의 특징이 사라지는 것도 아니다. 그리고 무엇보다도 중요한 것은 아이들이 하나의 방향으로 발달하고 있지 않다는 점이다. 다른 차원의 힘들도 발달에 영향을 미치고 있다.

그래서 어떤 발달 단계를 도식적으로 적용하여 도달하게 해서는 안 된다. 교육은 오히려 이런 다양한 아이들을 뒤쫓아가는 일이다. 이미 언급했듯이 각각 개별적인 특성에 따라 나타나는 자기표현이 미술 활동의 한가운데 있기 때문이다. 미술은 자기 자신을 있는 대로 표현하고 즐기며 누릴 수 있는 몇 안 되는 활동이다.

☞ 6-3과 ☞ 6-4는 초등학교 시절 발달의 불균등함을 보여주는 사례이다. 9세경은 자신이 보는 시선의 특정성을 반영하여 공간적이고 입체적으로 묘사해 낼 수 있는 시기이다. 그런데 두 사례의 경우 서로 정반대의 특징을 보이고 있다. ☞ 6-3은 튤립을 그렸는데 그리는 사람의 시선을 특정할 수 없을 만큼 납작하게 묘사되어 있다. 공간적 특성이 그림에 반영되지 않은 것이다. 그러나 플라스틱 점토로 만든 인물은 매우 입체적이고 공간적으로 묘사하여 그 생생함이 잘 살아 있다. 반면 ☞ 6-4의 아이는 튤립의 줄기나 이파리 등에서 그 공간적 특성

☞ 6-3

9세 아동의 그림과 작품. 그림은 납작하게 표현된 반면 조형물에서는 입체감과 공간감 표현이
잘 되어 있다.

▱▷ 6-4

9세 아동의 그림과 작품. 그림과 조형물을 표현하는 데 있어 ▱▷6-3의 아이와 반대로
그림에서는 공간감과 입체감이 표현되어 있지만 조형물은 납작하게 표현되어 있다.

을 잘 묘사해 내고 있다. 아이가 어디서 바라보고 그렸는지 그 시선이 그림에 나타난다. 그런데 찰흙으로 만든 사람의 얼굴은 납작하여 입체감과 구조감을 거의 느낄 수 없다. 표면에 그린 선을 보고 얼굴이라는 것을 알 수 있는 상황이다. 공간 속의 입체로 구현하는 데 어려워하고 있음을 알 수 있다. 애초 사람을 만들려 했지만 결국 머리 부분을 만드는 데서 작업을 멈춰야 했다. 그러니까 아이들은 어떤 부분에서는 명민한 감각을 보여주는 반면 어떤 부분에서는 둔감하기도 하며, 이 역시 아이들에 따라 각기 다른 양상을 가진다는 것을 알 수 있다.

☞ 6-5의 아이는 그리기와 찰흙 활동에서 집중력의 차이를 드러냈다. 특히 보고 그리기에서는 거의 집중을 해내지 못했다. 좀 더 찬찬히 그려 보라는 교사의 코멘트는 거의 영향을 미칠 수 없었다. 아이는 매우 어려워하는 것처럼 보였다. 대상과 눈을 맞추며 그것을 오래 붙들고 있지 못하고 얼른 충동적으로 활동을 전개하고 끝내 버렸다. 그러나 찰흙 활동에서만은 매우 오랜 시간 붙잡고 있는 집중력을 보였다. 다른 아이들이 쓰고 남은 것까지 수집하여 활용하면서 누구보다도 오래 활동하였다. 그런 모습은 학년이 올라가도 계속되었다. 종종 나에게 찰흙 활동을 또 하자고 조를 정도였으니 말이다. 찰흙이 가진 물리적 특성과 관련된 감각과 공간감에 훨씬 명민하게 반응하는 것은 아닐까 생각되었다.

반면에 그리기에서는 오래 집중하지 못하고 충동적으로 선

▭▷ 6-5

9세 아동의 작품(위)과 같은 아이의 10세 때 그림(아래).
찰흙 작업과 그리기의 표현 태도가 다르다는 것을 알 수 있다.

을 그리는 데서 마무리하고 말지만, 이를 지켜보노라니 나름의 흥미로운 특징을 목격할 수 있었다. 짧은 선을 몇 번 긋는 것으로 마무리되기도 하였지만, 긋고 있는 선에 몰입하고 있는 듯이 보이면서 그 주변에 아주 성긴 실타래를 뭉쳐 놓은 듯한 선들을 그려 내곤 하였다. 그리고 그러한 모습은 학년이 올라가면서 더 뚜렷해졌다. 제시된 대상을 그리기는 하되 오래 집중하지 못하기에 충동적인 선으로 대신 채워 나가는 것이 아닐까 추측할 수 있었다. 어쨌든 아이는 대상 앞에서 그런 선들을 그려 내는 동안 안정감을 느끼며 활동을 유지할 수 있는 것이 아니었을까. 담임 선생님을 모델로 하여 그린 ☞6-5의 아래쪽 그림을 보면 그 성긴 선들이 흐릿하게나마 형상을 채워 내고 있음을 알 수 있다. 과제는 충동적인 선들의 가두리 역할을 하며 나름대로 특징적인 스타일을 만들어 내는 셈이었다.

☞6-6의 아이는 학년이 올라가면서 집중력이 현저하게 떨어진 경우였다. 3학년 시기에 비해 4학년 시기에 급작스럽게 변화된 모습을 보였다. 아래쪽 10세 시기의 그림을 보면 꽃 한 송이를 겨우 그리더니 그 다음에는 더 이상 진행하지 못했다. 내가 좀 더 해 보라고 채근하자 아이는 꽃잎을 따고 흙을 집어 그림에 문대고 채색하는 것으로 마무리했다. 매우 충동적인 행동이었는데, '색까지 칠했으니 이 정도면 되지 않았느냐' 하고 항변하는 것처럼 보였다. 한편으로 창의적인 행동일 수 있지만 다르게 보면 파괴적인 행동일 수도 있다. 아이가 성장하

🔖 6-6

9세 아동의 그림(위)과 같은 아이의 10세 때 그림(아래).
4학년에 올라와 집중력이 더 떨어져 있음을 알 수 있다.

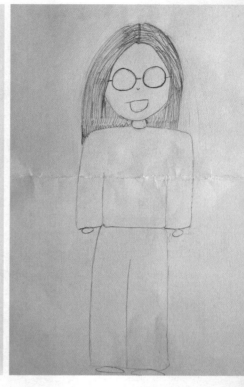

▱🖉 6-7

12세 아동의 그림. 같은 아이의 그림으로 보고 그리기(왼쪽)보다 생각하여 그리는 데(오른쪽)
더 어려움을 겪었다.

면서 새롭게 겪게 되는 어떤 심리적, 정서적 특성이 표현 활동으로 드러나는 양상이다. 대체로 다른 활동에서도 그런 모습이 나타났다. 과제를 수행하다 중간에 멈춰 버리거나 다른 길로 새는 경우가 생겼다. 그러다가 교사가 지적하면 일부러 엉뚱하게 표현함으로써 그것을 정당화하듯이 행동했다. 아이에게는 무언가 다른 차원의 힘이 작용하고 있는 것처럼 보였다. 6학년 시기가 되자 다시 집중력을 회복하는 모습을 보였는데 아이들의 성장 과정에 보이지 않는 곡절들이 있다는 것을 지켜볼 수 있었다.

　　미술 표현은 이렇게 아이들의 모습을 예측할 수 없는 방향에서 보여 주는 역할을 한다. 거기에는 잘하고 못하고를 넘어서는 아이의 정서적, 심리적 차원의 또 다른 배경이 있다. 미술은 다른 교과들처럼 정해진 지식이나 규범 안에 있지 않고 자기표현을 기반으로 하는 특수한 성격을 가지고 있기 때문에 그러한 것들을 담아내게 되는 것이다. 어쩌면 그것이 미술 표현의 힘일 것이다. 아이의 내면을 표현으로 녹여 내니 말이다. 미술 교사는 아이들의 그런 면모와 함께하는 역할을 한다고 할 수 있다.

　　☞ 6-7은 왼쪽의 경우 친구를 보고 그린 것이고, 오른쪽은 자신의 모습을 상상하여 그린 것이었다. 6학년 때 연속하여 한 활동이었다. 친구 그리기에서는 별다른 어려움 없이 잘 관찰하여 표현해 냈지만, 자기 모습을 그리는 시간에는 내내 종이에 손도 대지 못하는 모습을 보였다. 보고 그릴 때와 상상하여 그

릴 때가 사뭇 다른 것이었다. 아이는 보지 않고 생각하여 그린다는 것에 매우 큰 부담을 가지는 듯했다. 어린 시절, 적어도 저학년 시기까지는 상상하여 그려 내는 일이 더욱 익숙하고 자연스러운 일이었을 테다. 그렇지만, 이제 아이는 그것이 어려워진 것이다. 로웬펠트의 이론에 의하면 의사 실기-합리적 표현의 시기*에 본격적으로 접어들었다고 할 수 있다. 그러니까 눈에 보이는 사실과 일치해야 한다고 여기게 되면서 이제 상상하여 그리는 것이 오히려 힘들게 된 셈이다. 더군다나 자기 자신의 모습이 아닌가? 어찌해야 자기처럼 꼭 닮게 그릴 것인가 하고 생각하니 더욱 막막해졌을 것이다.

물론 모든 아이들이 그러한 것은 아니다. 대부분의 아이들은 닮지 않았어도 그냥 즐겁게 그렸고 그것을 자신의 모습이라고 말했다. 자신의 모습을 똑같이 그려 내지 못해서 좌절하는 아이는 아마도 완벽하게 해내지 못하는 것을 견디기 어려워하는 경우일 것이다. 다른 사람이나 스스로의 시선을 너무 무겁게 느끼기 때문이다.

그러니까 보고 그리는 능력이 더 발달했다고 해서 그리기가 더 수월해지는 것은 결코 아닌 셈이다. 그것이 이렇게 또 다른 양상으로 나타난다.

나는 아이를 격려하기 위해 전체 아이들에게 물었다.

---

* 로웬펠트에 따르면 11~13세의 시기라고 한다.

"정말 우리가 나하고 똑같게 그릴 수 있을까?"

그러자 아이들은 "아니요!" 하고 대답했다.

그리고 나는 아이들에게 이렇게 덧붙여 말했다.

"그렇지만 그냥 그것이 나라고 하는 거야. 그러면 당연히 친구들도 모두 그것을 인정해 주거든."

그럼에도 아이는 끝까지 손을 대지 못했고 결국 숙제로 해 오게 되었다. 다음 시간에 이어 활동하는 과제였기 때문이었다. 아이에게 꼭 그려 오라고 당부하였고, 담임 선생님께도 그럴 기회와 시간을 배려해 주십사 하고 부탁드렸다. 다음 시간 아이가 그림을 그려 왔을 때 나는 그림을 번쩍 들고 전체 아이들에게 보여 주면서 "얘들아, 어떠니? 누구 같아?" 이렇게 물었다. 아이들은 행복하게 "○○ 같아요!"라고 대답해 주었다. 아이는 이제 무거운 짐을 내려놓은 듯 환하게 웃었다.

그리던 그림을 지우개로 다 지워 버리고는 다시 손을 대지 못하는 아이가 있었다. 나는 그 지워 낸 연필 자국을 하나하나 살피며 얼마나 잘했는지 말해 주고서, 그 선을 그대로 다시 그려 내도록 독려했지만 끝내 연필을 다시 들지 못했다. 결국 내가 연필을 들고 아이가 그린 선을 그대로 다시 그려 주었다. 그리고 "봐라, 괜찮지 않니?" 이리 말하였다. 아이는 그것을 토대로 그림을 마저 완성할 수 있었고 그제야 잔뜩 굳어 있던 얼굴이 펴졌다.

스스로에게 너무 엄격하여 자신의 부족함이나 한계를 유난히 힘들어하는 아이가 있다. 그런 때 아이에게는 현재의 자신으로부터 한발 떨어져 보는 여유가 필요하다. 스스로 변화하고 성장했던 과정을 되돌아보는 것은 그런 기회를 제공한다. 타인과 비교하는 것이 아니라 자신 스스로와 비교해 보는 시간을 가지는 것이다. 그래서 나는 기본적인 활동들은 매 학년 반복하도록 했다. 화분 그리기, 인물 그리기, 깜지, 물감 활동 등은 거의 매 학년 반복하였다. 그리고 가능하면 이전의 활동을 되돌아볼 기회를 제공하였다. 자신이 성장하는 과정 속에 있음을 알게 하는 것이다. ☞ 6-8은 한 아이가 각각 3, 4, 5학년 시기까지 화분에 있는 식물을 보고 그린 것이다. 3학년 시기에는 대상을 좀 강박적으로 도식화하여 그리고 있다면, 4학년 시기에는 대상의 세부를 좀 더 구체적으로 관찰하면서 그리기에 집중하고 있으며, 5학년 시기에는 이전에 비해 두려움이 걷힌 가운데 편안하게 그리기를 하고 있음을 알 수 있다.

6-8

같은 아이의 각각 9세, 10세, 11세 때 정물화 그림. 성장하면서 그리기가
달라지는 것을 보여 준다.

4

사회적 과정으로

앞서 설명한 활동이 지극히 개인적으로 벌어지는 일 같지만, 교실의 활동은 그 자체로 이미 매우 사회적이다. 그것은 혼자 하는 일이 아니다. 예외적인 아이들이 아니라면 혼자만으로는 그렇게 진지하지도 않을 것이며 그렇게 지속적일 수도 없다. 교실에서 친구들과 선생님과 함께 하는 활동은 아이들을 두렵고 위축되게 만들기도 하지만, 동시에 사람들 속에서 자기 위치를 찾아가고 정립해 가는 과정이 된다. 선생님의 시선을 의식하고 한편으로는 친구들의 시선과 활동을 바라보면서 자신을 되돌아보는 것이다. 그것은 당연히 아이가 세상 속의 일원으로 성장해 가는 과정이기도 하다. 교사는 그 안에서 자칫 훼손될 수 있는 개별성을 보호하고 지원해 주는 중대한 역할을 한다.

그럼에도 개별성을 지원한다고 아이의 성장이 원만히 보장되는 것은 아니다. 개인으로 돌아보면 그 발달과 성장은 늘 불균등하다. 아이들은 결코 동일한 성장값을 가지고 있지 않으며 그만큼 개인적으로 해결하는 데 한계를 지닌다. 또한 심리적, 정서적 또는 신경적인 격차 또한 아이들을 끊임없이 어렵게 한다. 개별적인 능력으로만 헤쳐 나갈 수 있는 일이 아니다. 아이 한 명 한 명의 성장을 돕고 지원하는 일은 매우 소중한 일임에도 그것을 개별적인 사건으로만 놓아 두면 안 되는 이유이다.

오히려 함께 하면서 개인의 한계를 넘어서거나 그 차이가 무색해지기도 하는 체험이 마련되어야 한다. 활동을 사회적 과정으로 끊임없이 재구성해야 하는 이유이다. 그러는 가운데 아이들은 그 순간 격차 없이 성취감을 느끼고 함께 즐거울 수 있다. 그것은 결과적으로 아이들의 개별적인 역량 또한 강화할 것이다.

☞ 6-9는 김홍도의 〈씨름도〉 활동의 한 장면으로, 개별적으로 그리기를 하였지만 그것을 오려 세우는 공동의 목표를 수행하면서 개별성이 해소되고 공동 작업으로 전화되었던 경우이다. 개별적으로 그리기를 할 때는 잘 그리고 못 그리는 격차 속에서 두려워하며 힘들었을지라도 결과물이 어우러지면서 그 격차감이 무색해지는 것을 목격할 수 있었다. 각각의 차이에도 불구하고 공동체의 일원으로서 다 같이 한몫을 해내는 것이다.

☞ 6-10은 정선의 〈인왕제색도〉를 모사하는 활동을 한 후에

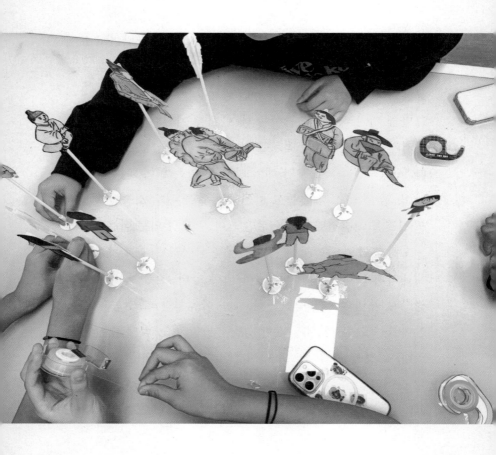

▷ 6-9

12세 아동들의 공동 작업 모습. 김홍도의 〈씨름도〉를 재현하기 위해 아이들이 함께
책상 위에 작품을 설치하고 있다.

☞ 6-10

12세 아동들의 활동. 그림에 별지를 붙여 넣어 친구들이 돌아가면서 제발 쓰기를 하였다.

끊임없는 교사의 역할

제발 쓰기를 한 결과물이다. 제발은 옛 그림에서 그림을 감상한 사람들이 그림의 여백이나 그림에 덧댄 종이에 감상 소감을 써넣는 것을 말한다. 그리기가 끝난 후 제발에 대해 학습을 하고, 각자 그림에 종이를 덧대 붙이고 모든 아이들이 돌아가며 제발을 써넣도록 했다. 칭찬할 것을 찾아 쓴다는 규칙을 정해 놓고서 말이다. 아이들은 대부분 진지했으며 그림에서 좋은 점을 찾아 쓰려고 애썼다.

모든 아이들이 참여한 제발 쓰기 활동은 각자 나름 그려 낸 그림에 애정을 담아 나누기에 충분한 활동이 되었다. 그리기는 개인적인 활동이었지만 그려진 그림은 서로 애정을 나누는 매개체가 되었다. 6학년임에도 아직 글쓰기가 서투른 아이도 있었는데 할 수 있을 만큼 글을 써넣도록 하여 가능한 수준에서 함께 하게 하였다. 그리하여 그림은 한층 더 따뜻하고 풍요로운 것이 되었다.

애초에 제발 쓰기 수업 계획은 없었다. 그리기를 끝내고 함께 감상 활동을 하는데 자신들이 그린 그림에 대한 애정이나 자부심이 부족한 듯하여 새로이 추가한 활동이었다. 서로서로 좀 더 세세히 들여다보며 그림에 가치를 부여해 주는 활동이 필요하다는 생각이 들었다. 결국 그림은 그리는 활동에서 멈추지 않고 나아가 함께 감상을 나눌 때 그 가치가 완성되는 것이었다.

6학년 시기에 다시 도전한 건축적 표현에서는 개인적 활동을 하고 난 후에 함께 활동을 하는 과정으로 수업을 기획하였다. 활동 내용은 5학년 때와 마찬가지로 넘어지지 않게 세워 구조적으로 멋지게 모양을 만드는 것이었다. 첫 시간에는 아이들이 각자 개인적으로 활동하도록 했다. 친구들과 함께 하고 싶다는 아이에게도 이번에는 혼자 해야만 한다고 하였다. 5학년 시기에 함께 했던 경험이 있는 아이는 뜨악한 표정을 지었다. 막상 혼자 하려니 두려웠던 것이다. 나는 일단 과제를 혼자 온전히 감당해 보는 시간을 가져 볼 필요가 있다고 생각하였다. 그런 연후에 짝을 지어 활동하고자 했다. 6학년 시기임에도 여전히 구조적인 모양을 만드는 데 어려워하는 아이들이 있었다. 새로이 전학을 온 아이의 경우는 아예 세우기를 힘들어하기도 하였고, 몇몇 아이들은 상상력을 발휘하지 못하고 겨우 육면체나 삼각뿔과 같은 기본적인 구조물을 만드는 데 머무르기도 했다.

☞ 6-11은 이 활동을 어려워했던 아이 둘이 짝을 지어 만든 결과물이다. 각자 활동한 결과인 위쪽을 보면 두 아이 모두 입체적 구조물을 만드는 데 어려움을 겪고 있다는 것을 확인할 수 있다. 한 아이는 아예 세우지 못하고 있으며, 또 한 아이는 꽤 노력하고 있지만 만들고자 했던 육면체를 결국 완성하지 못하고 집중력이 떨어져 버렸다. 그렇지만 이들이 서로 만나 결국 육면체를 만들어 냈을 뿐 아니라, 누워 있던 것 또한 그에 의지해서 세워 놓을 수 있게 되었다.

☞ 6-12도 비슷한 상황인데 한 아이는 집 모양 같은 것을 만

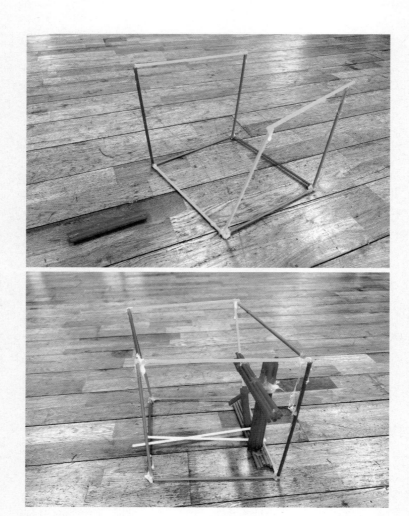

☞ 6-11

12세 아동들의 작품. 두 아이가 각각 한 활동(위)을 짝지어 하나의 작품으로
제작한 결과(아래)이다.

▭▷ 6-12

12세 아동들의 작품. 각각 작업했던 활동(위)이 결합되면서 새로운 결과물(아래)이 되었다.

들고 있는 반면, 한 아이는 겨우 지붕과 같은 형태를 만드는 것으로 마무리를 하고 있다. 이들 두 아이가 서로 만나자 그것들이 하나로 결합하면서 좀 더 상상력 있는 건축적인 구조물로 완성되었다. 한쪽의 벽체는 이동이 가능하여 커지거나 작아지는 모양을 연출하고 있다. 두 아이 모두 활동 결과에 대해 매우 흡족해했다.

　　▷ 6-13의 경우는 구조적인 특성의 형태를 만드는 데 어려움이 별로 없었던 아이들의 협력 작품이다. 처음엔 아이들이 각자 나름대로 생각했던 모양을 만들었지만, 그것들을 하나로 결합하자 단번에 더욱 흥미로운 구조물이 되었다. 그것이 아이들이 생각했던 모양의 한계를 훌쩍 넘게 해 줌으로써 혼자 할 때는 생각하지 못했던 새로운 모양을 만들 수 있는 상상력을 자극하였다. 사회적 과정으로서의 배움의 효과가 드러나는 순간이었다.

　　이렇게 하여 짝과 함께 새롭게 만든 입체 작품은 동력을 달아 움직이게까지 하는 활동으로 마무리하였다. 움직이는 조각, 즉 키네틱 아트kinetic art*를 소개하면서 우리가 만든 작품을 움직이도록 해 보자고 제안하였고, 전동기 동력 키트를 활용해 보는 활동을 진행했다. 동력을 통하여 움직이게 하는 작업을

---

* 움직이거나 움직임이 일부 포함되는 조각 작품을 말하며, 대표적인 작가로 스위스 출신의 장 팅글리(Jean Tinguely)가 있다.

12세 아동들의 작품. 각자 만들었던 것(위)을 결합하니 더욱 흥미로운 모양(아래)이 만들어졌다.

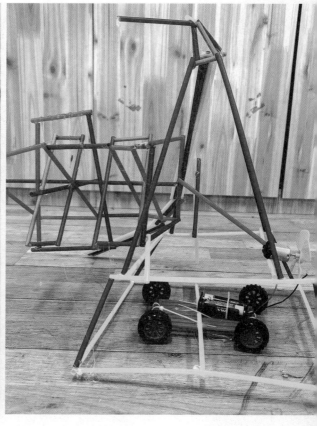

6-14

12세 아동들의 작품. 전동기 동력을 이용하여 짝지어 만든 입체적 구조물을 움직이게 하였다.

대부분 처음 해 봐서 쉽지는 않았지만 움직임이 주는 매력이 끝까지 협력하여 작품을 완성하도록 이끌었다. 6학년 막바지 활동으로서 매우 즐거운 이벤트가 되었다.

개별적으로 혼자만의 영역에 머물러 있다면 어쩌면 아이들은 자신의 한계에 고착되어 메말라 갈지도 모른다. 그렇지만 종종 함께 하면서 일시에 그 한계를 넘어설 수 있게도 되는 것이다. 이는 아이들의 발달이 사회적으로 이루어진다는 것을 실험적으로 밝혔던 비고츠키*의 근접발달영역 이론에서도 알려진 바였다. 우리도 흔히 다른 사람과 대화를 나누며 생각하지 못한 깨달음에 도달하는 경우를 종종 경험하듯이 수업에서 아이들에게 충분히 일어나는 과정인 것이다.

그래서 나는 특별한 경우가 아니라면 대체로 함께 활동할 수 있는 기회를 열어 두는 편이다. 개별 활동을 염두에 두었던 경우더라도 함께 하고 싶다면 그렇게 하도록 한다. 무엇보다도 함께 하면 그만큼 즐겁고, 즐거움이 있을 때 예기치 못한 성과를 만들어 낸다. 혹은 힘겨워 낙담한 아이가 잘하는 아이에게 의지하면서 새로이 힘을 얻을 수도 있다. 좀 더 적극적으로 아이들이 함께 하기를 바란다면 혼자 하기 어려운 과제를 주거나 함께 해야 더 효과를 낼 수 있는 재료나 방식을 배치할 수 있다. 활동의 특성에 따라 책상을 같이 쓰거나 교실 바닥을 사용하게

---

* 레프 비고츠키(Lev Semenovich Vygotsky). 20세기 초반에 활동한 소련의 인지심리학자.

하여 자연스레 활동을 함께 할 수 있는 여건을 만들기도 한다. 매우 자연스러운 분위기를 연출하여 아이들이 개별성에 갇혀 있지 않도록 도와준다.

5

교실과 수업이라는
가상 공간

물론 학교도 삶의 공간이다. 벗어날 수 없는 교우 관계가 있고 성취해야 하는 학업 과제가 있다. 아이들은 그러한 관계로부터 자유롭지 못하다. 그럼에도 교실과 수업은 그런 결박된 삶으로부터 거리를 만들어 주고 다른 가능성을 열어 주는 공간이다. 다시 말하면 성적이라는 중압감을 주기는 해도 학습이란 실제 삶이라기보다는 그것을 연습하는 활동에 가깝다고 할 수 있다. 모든 선택이 결정적인 영향을 미치는 사회생활이나 직업 활동과는 다른 것이다. 그렇게 학교 밖 사회로 나가기 전에 아이들은 그것을 학교에서 가상으로 연습하고 학습한다. 좀 더 상상적으로 실행될 수도 있으며 실패 또한 자유롭게 실험할 수 있다.

특히 미술 활동은 좀 더 자유롭게 실험할 수 있는 시간이다.

미술은 정해진 답이 없기 때문에 정처 없는 여행과도 같다. 교사는 앞에서 이끄는 사람이라기보다는 아이들을 지켜보고 관찰하며 함께 길을 만들어 가는 사람이다. 학습 목표는 아이들이 도달해야 할 지점이 아니라 출발하는 지점을 가리킨다. 학습 목표를 행동 목표로 기술하는 이유이다. 무엇을 할지는 교사가 정하지만 어떻게 할지는 아이들의 영역이다. 물론 방법이 정해져 있지 않은 활동에서 아이들은 오히려 두려워할 수도 있다. 나는 실패를 두려워하는 아이들에게 이렇게 말한다.

"그것은 단지 그림일 뿐이다. 그냥 물건일 뿐이다. 곧 버려지거나 부서지고 말 것이다. 잘 못해도 상관없고 실패해도 상관없다."

다른 시간에는 통제되거나 금지되어야 할 행동도 표현의 범위 안에서 드러낼 수 있다. 그것은 표현이기 때문이다. 학교 물건을 파손하는 것과 미술 재료를 파손하는 것은 전혀 다른 일이다. 미술 시간에는 무엇을 망가트릴 수도 있고 엉뚱하게 표현할 수도 있다. 그것이 재료인 이상, 그것을 다루는 일은 그 자체로 하나의 표현 활동이다. 그러면서 아이들은 자기표현을 실험하고 탐구할 수 있다. 활동의 과정에서 교실을 어지럽히는 것도 허용될 수밖에 없다. 다른 사람에게 피해를 주거나 수업을 방해하는 것이 아니라면 말이다.

미술실이 따로 없을 뿐 아니라 담임 교사가 미술도 가르치는 대부분의 초등교육 상황에서 미술교육이 이렇게 실행되기는 쉽지 않을 것이다. 미술 시간에는 교사가 평소와는 조금은 다른 기준을 가지고 학생을 대해야 하기 때문이다. 나의 수업 상황에서도 나와 담임 선생님의 허용 범위가 다르게 작용하는 경우를 종종 마주해야 했다. 교실에서 물감이나 먹물 수업을 하는 경우, 담임 선생님은 시간 내내 걸레를 들고 바닥을 닦고 다니기도 했다. 또한 담임 선생님이 적극적으로 학생을 통제하는 경우 수업이 매끄럽게 진행되는 효과를 발휘했지만, 아쉽게도 활동의 역동성을 잠재우는 측면도 있었다. 학생이 애초에 교사가 생각하는 활동에서 벗어나게 되었을 때, 얼마만큼 허용하고 통제해야 하는지는 교사로서 늘 고심하게 되는 부분이다.

건축적인 구조를 기반으로 멋진 모양을 만드는 시간이었다. 한 아이가 제공된 재료로 정육면체를 뚝딱 만들고는 밀쳐 두고 딴짓을 하기 시작했다. 옆 친구들에게 장난을 걸면서 산만해지는 상황이 된 것이다. 나는 아이에게 좀 더 해 보면 어떻겠냐고 이르며 활동에 집중시키려 했다. 그러나 아이는 조금 망설이다가 자신의 실내화를 훌떡 벗어 육면체 위에 얹고는 글루 건으로 붙여 놓았다. 그리고 다 했노라고 했다. 그걸 본 담임 선생님이 좀 화가 난 것이다. 넌 왜 엉뚱한 짓을 하느냐고 나무랐다. 이에 아이는 이게 멋지다고 생각한다고 항변했다. 분위기는 싸늘해졌다. 실내화를 재료로 인정해 주는 것으로 가까스로 상황을 풀어 갈 수 있었다. 이런 식으로 아이가 교사가 의도했던 것과는 다른 방향으로 행동하는 일은 언제든지 일어날 수 있다. 아이는 무엇에 화가 났거나 무언가에 불편해서 그런 행동을 해 버린 것일 수 있다. 그럼에도 그것은 누군가를 공격한 것이 아니라 자신의 표현의 범위 안에 머문 것이었기에 허용될 수 있다고 나는 판단하였다. 아이는 그만큼 얌전한 범위 안에서 자신의 정서적 동요를 해결할 수 있게 된 셈이었다.

아이들의 돌발적인 행동에는 대개 어떤 이유가 있다. 계획대로 잘 안 될 때, 어떤 이유로든 교사의 과제를 수행하기 어려울 때 딴짓을 하기 시작하는 것을 볼 수 있다. 이런 경우 잘 안 되는 것을 말로 털어놓고 교사의 도움을 요청하면 좋으련만, 오히려 그것을 숨기기 위해 딴짓을 하는 것이다. 그리고 딴짓을 나무라면 이에 항변하며 자신의 행동을 정당화하거나 교사를 공격함으로써 그 상황을 회피하려 한다. 의도적이지는 않더라도 그런 식으로 자신의 정동을 해소하려 한다. 교사가 충분히 허용적으로 대하더라도 아이들은 곧잘 그렇게 될 수 있다. 못하게 된 것에 수치심을 느끼거나 뽐내지 못하게 된 데에 대한 좌절감이 작용하기 때문이다. 그럼에도 그런 불편한 정동을 재료를 사용하는 방식으로 해소할 수 있다는 점은 다행스러운 일이다. 그것이 미술이 가진 힘이다. 기다리다 보면 아이가 스스로 불편함을 풀고 활동으로 복귀하기도 한다. 물론 아이가 스스로 해결해 내지 못한다면, 교사는 조건을 다르게 하여 참여

할 여건을 새롭게 만들어 줄 수 있다. 앞에서 보았듯이 친구와 함께 하도록 하여 그것을 다르게 풀어 갈 기회를 줄 수도 있다.

다른 친구들과의 관계 속에서 오히려 힘들어질 수도 있을 것이다. 때로는 친구에게 맹목적으로 의존하려 할 수도 있다. 그런 경우에는 다시 아이들 사이의 거리를 만들어 주고 자신과 마주하도록 유도하는 방법도 있다. 어떤 태도나 행동의 특성으로 인하여 다른 친구들의 따돌림의 대상이 될 수도 있다. 관계는 그렇게 때로는 서로를 필요로 하고 때로는 서로 불편해진다. 그런 면에서 미술 재료는 그런 관계 사이에 거리를 부여해 주거나 다시 서로 연결해 주는 힘을 가질 수 있다. 함께 공동으로 작품을 만들어야 할 때 의견이 안 맞거나 서먹하여 서로 협력이 안 된다면 우선 각자 만들고 나서 나중에 서로 붙이기만 하라고도 한다. 각자 했더라도 그것을 서로 연결하는 순간 재미있는 결과가 나올 수 있고, 그로써 개별적인 고립 상태가 일거에 해소될 수도 있다. 재료를 사용하여 활동하는 미술 활동의 특성이다.

6

미술 교과의
독보적인 성격

교과 활동이란 일반적으로 교사가 학습 내용을 제시하고 아이들은 그것을 학습하는 것으로 이루어진다. 교사는 아이들이 배워야 할 것을 직접 제공하거나 혹은 과제로 제공하고 아이들은 그것을 습득하거나 해결함으로써 학습에 다다르게 된다. 그것은 객관적인 지식이나 행동의 과제를 가지고 있다.

그러나 학습의 과정과 결과가 아이들의 '표현 활동'이라는 것이 미술교육이 가진 독보적인 특성이다. 그리고 그 표현은 순전히 아이들의 창조적인 활동을 그 내용으로 한다. 때문에 그것은 교사에 의해 결코 가르쳐지지 않는다. 교사는 그 여건과 분위기를 조성할 수는 있지만, 그 표현의 내용을 제시할 수는 없다. 순전히 아이들의 몫이기 때문이다. 나는 그것에 '자기표현'이라는 이름을 붙였다. 물론 무엇을 표현하라고 지시할 수는 있다. 그럼에도 결국 표현은 아이들의 몫이다.

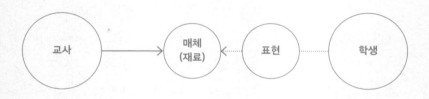

그래서 미술 수업에서 교사가 제시하는 것은 학습 내용이 아니라 그 매체(재료)이다. 가령 종이, 물감, 찰흙 같은 것이다. 그것을 재료라고 하지 않고 매체라고 하는 이유는 재료 이상의 의미를 가지고 있기 때문이다. 재료라고 하면 이미 무엇을 목적으로 준비된 물건이 된다. 그런데 교사가 아이들에게 무엇을 할지 제시하지 않고 그냥 재료만 준다면, 아이들은 그때부터 그것으로 무엇을 할지 생각해야 한다. 이미 사례에서 보았듯이 아이들은 그 매체의 물질성에 자극을 받으면서 무엇인가 표현하기 시작한다. 결국 표현은 아이들의 몫이 되고, 아이들의 표현 욕구를 자극하고 촉구할 수 있는 재료를 제시하고 그러한 분위기를 만들어 내는 일이 교사의 몫이 된다. 표현이 미술 교과의 학습 내용이라면, 학습은 전적으로 아이들의 몫이 되고, 교사는 그것을 지원하는 위치에 서게 된다. 미술 교과가 가지는 독보적인 측면이다. 그동안 미술교육이 등한히 여겨 온 미술교육의 핵심이다.

이때 아이들이 매체(재료)를 어떻게 다루고 어떻게 표현하게 될지 예측할 수 없다. 물론 교사는 관습적으로 아이들이 어떻게 할 것이라고 예측하며 수업 계획을 수립하고 그에 따라 매체(재료)를 준비할 것이다. 그러나 아이들은 예상 밖으로 나갈 수 있고, 교사가 생각하지 못한 방식으로 표현할 수 있다. 애초에 그런 의도를 가지지 않았더라도 무엇을 할지 정해지지 않은 가운데 표현에 열중하다 보면 생각하지 못한 흥미로운 표현으로 나아갈 수 있다. 그리고 그것을 지켜보며 발견하고 이후 활동에 반영하여 수업을 새롭게 구성하는 것은 교사의 몫이다. 수업은 계속하여 수정되고 보완되며 진행될 것이다. 미술교육이 정처 없는 길이 되는 이유이다. 그러한 과정에서 아이들은 표현의 주체로서 자기표현을 향해 한발 한발 나아가게 되는 여유를 가지게 될 것이다.

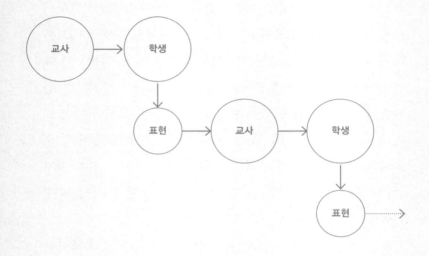

 그래서 나는 학기 초 교과 운영 계획을 수립하기는 하지만, 가능한 한 대강만 수립한다. 아이들의 활동을 지켜보면서 그 진행과 과정을 계속 수정해 나가야 하기 때문이다. 그리하여 아이들의 표현에 발을 맞추고 그 즐거움과 함께하게 된다. 애초에 1차시 분량으로 수립된 수업이었어도 2~3차시로 연장하여 진행하기도 한다. 처음 활동에서는 아이들이 서먹서먹하였다가도 다시 시간이 주어지면 표현이 활짝 피기 시작하는 것을 지켜볼 수 있다. 충분한 여유는 아이들의 자유로운 표현을 보장한다. 때로는 시간을 축소하여 운영하기도 한다. 활동이 예상외로 싱겁게 끝나기도 하기 때문이다. 활동에 따라 새로운 과제가 생겨나기도 한다. 그래서 계획에 없었던 활동을 추가하여 수업을 하기도 한다. 계획했던 활동을 빼 버리기도 한다. 미술 교사로서 나의 오랜 스타일이다. 나이스NEIS(교육행정정보시스템)가 등장하고 시스템이 완고해지면서 융통성을 발휘하기 어려워진 것은 참으로 안타까운 일이다. 자꾸만 교육을 예측 가능한 것으로만 만들려 하는 세태가 안타깝다. 실패를 두려워하는 수업은 역동적인 성과를 만들어 낼 수 없다. 창조적인 활동의 경우에는 더욱 그러하다.

이는 상당히 이상적인 관점일 수 있다. 시간이 제한되어 있고, 학교라는 시스템의 여건이 있다. 또한 아이들마다 특성이 다르다. 그 외에도 수많은 복잡한 어려움들이 있다. 때문에 교사가 무한정 아이들의 표현에 발을 맞추며 함께할 수만은 없을 것이다. 한계는 명확하다. 그럼에도 가능한 만큼이라도 가능해져야 한다. 자신을 표현해 보고 탐구해 보고 또한 격려도 받고 친구들과 나누며 어루만져 보는 시간을 미술 시간에서만큼은 보장할 수 있어야 하기 때문이다. 그것이 미술 교과가 가지는 독보적인 특성이라고 말할 수 있다.

부록

　간단하게나마 수업의 여건과 진행된 상황을 소개하여 독자들이 참고할 수 있도록 하고자 한다.

　장소는 시골의 소규모 초등학교와 병설 유치원이다. 유치원은 원아 수가 12명으로 주당 1시간씩 수업을 진행했다. 학년 초 10명으로 시작하였는데 중도에 2명이 새로 들어와 12명이 되었다. 발달장애 아동 5명이 포함되어 있었다. 초등학교는 한 학년이 2개 학급으로 구성되어 있고 학급당 13~15명의 학생이 있었다. 그래서 담임 선생님들과 협력하여 2개 학급을 묶어 동시에 수업을 진행하였다. 수업 계획은 내가 주도했지만, 사전에 담임 선생님들과 협의했고, 수업 후에도 함께 평가를 나누었다.

　2개 반을 오가며 진행하였으나 부득이 함께 활동해야 하는 경우에는 통합하였다. 특히 대부분의 수업 말미에는 활동 결과를 함께 감상하고 비평하는 활동을 하였는데, 그럴 경우 아이들이 서로 옆 반을 방문하여 작품을 번갈아 가며 감상을 하거나, 복도에 결과를 내어놓고 같이 감상하며 이야기를 나누는 시간을 가졌다. 다행히 6학년 시기에는 미술실이 생겨서 대부분 두 학급을 합반으로 운영하였다. 수업 시간은 5~6교시에 2시간 블록 타임 방식으로 좀 더 자유스러운 분위기에서 융통성 있게 운영할 수 있었다.

　수업 중에서 대표적인 활동으로 화분 그리기, 깜지 활동, 물감 활동, 인물 그리기, 서예와 수묵, 입체 활동의 진행 과정을 소개하고자 한다.

1. 유치원 과정

2021년 1년 동안 진행한 활동이다. 1학기에는 그리기, 2학기에는 만들기로 진행했지만, 그 외에 특별한 주제나 과제는 없이 재료를 제공하고 활동을 관찰하며 지원하는 방식으로 진행되었다. 아이들을 관찰하면서 교사가 하는 가장 중요한 일은 다음 시간에는 어떤 재료를 제공하는 것이 바람직할까 판단하는 것이었다. 발달장애 아동의 경우 별도의 보조 인력과 교사가 배치되어 있었다.

시기	재료	내용
2021년 3월 3~4주	A4 용지 10장, 연필	연필과 종이로만 활동을 진행하였다. 다만 교실에 비치되어 있는 파스넷(크레파스의 일종), 가위, 풀, 등은 원하는 경우 자유롭게 활용하였다.
2021년 4월 1~3주	8절 도화지, 연필, 파스넷	종이를 도화지로 바꾸고 파스넷을 재료로 제공하였다. 채색을 하여 활동할 수 있게 하기 위해서였다. 도화지는 원하는 만큼 가져다 쓸 수 있도록 했다.
2021년 4월 4주	8절 도화지, 대용량 수채 물감, 붓	대용량 수채 물감을 사용하였다. 붓은 아이들 손에 큰 편인 10호 정도의 크기로 제공되었다. 물감은 아이가 색을 선택하면 종이에 원하는 만큼 짜 주는 방식으로 진행되었다.
2021년 5월 1주	8절 도화지, 연필, 파스넷	다시 파스넷으로 돌아왔다. 채색을 하여 활동할 수 있게 하기 위해서였다. 도화지는 원하는 만큼 가져다 쓸 수 있도록 했다.
2021년 5월 2~4주	8절 도화지, 대용량 수채 물감, 붓	다시 물감으로 돌아왔고 이전 방식대로 활동을 하였다. 아이들은 점차 손을 사용하여 자유롭게 활동하기 시작하였다.

2021년 5월 5주	8절 도화지, 연필, 파스넷	물감 활동을 충분히 한 듯하여 다시 파스넷으로 돌아왔다. 한 아이는 물감을 충분히 못 즐긴 듯 아쉬워했다.
2021년 6월 1주	A4 용지 10장, 연필, 파스넷	첫 출발 시기의 활동을 다시 환기할 필요가 있어 A4 용지 10장을 제공하였고 다만 파스넷은 사용하던 터라 자연스럽게 아이들이 사용하게 되었다. 물론 이때 연필만 사용하여 그리기를 한 아이도 있었다.
2021년 6월 2~4주	4절 도화지, 연필, 파스넷	지난 시간처럼 연필과 파스넷을 제공하였으나 용지는 4절 도화지로 큰 종이를 제공하였다. 이즈음부터 아이들은 자연스럽게 연필을 사용하지 않기 시작하였다.
2021년 7월 1주	A4 용지, 4절 도화지, 연필, 파스넷	지난 시간 재료에 A4 용지를 추가하였으나 대부분의 아이들이 A4 용지를 쓰지 않았다.
2021년 7월 2주	8절 도화지, 대용량 수채 물감, 파스넷, 붓	물감과 파스넷을 함께 제공하였는데 잠시 파스넷을 사용하는 아이가 있었지만 모두 물감을 사용하였다. 물감에 대한 흥미가 매우 크다는 것을 확인할 수 있었다.
2021년 7월 3주	2절 도화지 10장을 붙여 만든 큰 도화지, 파스넷, 색얼음	2절 도화지 10장을 붙여 큰 도화지를 만들어 다 함께 그리도록 하고 색얼음을 사용하여 종이 위에서 놀게 하였다. 1학기 마지막 활동으로 일종의 파티를 벌인 셈이었다.
2021년 8월 5주 ~9월 2주	스티로폼 판, 천사점토, 공작용 철사, 마스킹 테이프, 칼라 펜	2학기를 맞이하여 입체적인 재료를 제공하였다. 스티로폼 판과 칼라 펜을 사용하여 그리기를 포함할 수 있도록 하였다.

2021년 9월 4주 ~10월 4주	스티로폼 판, 플레이콘, 이쑤시개, 수수깡, 공작용 철사, 마스킹 테이프, 칼라 펜	플레이콘, 이쑤시개, 수수깡이 추가되면서 좀 더 풍요로운 활동을 자극하였고 몇몇 아이의 경우 본격적으로 입체적인 활동이 시작되었다. 만들기로 들어서면서 발달장애를 가진 아이들의 경우, 블록 혹은 은물 재료, 천사점토 등을 사용하여 별도의 지원을 하였다.
2021년 11월 1~4주	스티로폼 판, 천사점토, 플레이콘, 이쑤시개, 수수깡, 공작용 철사, 마스킹 테이프, 칼라 펜, 솜	이전의 재료에 솜이 추가되었다. 점차 재료를 추가하여 아이들의 다양한 감각을 자극하였다. 발달장애를 가진 아이들의 경우 아이의 특성에 알맞은 재료를 별도로 제작하여 제공하였다.
2021년 11월 5주 ~12월 2주	스티로폼 판, 플레이콘, 이쑤시개, 수수깡, 종이테이프, 솜, 공작용 철사, 쿠킹 호일, 습자지, 스티커	쿠킹 호일, 습자지, 스티커가 새로운 재료로 추가되었다.

2. 화분 그리기 과정

조그만 식물은 책상 위에 두고 관찰하기 수월하기 때문에 보고 그리기 활동에 알맞은 대상이었다. 2021년 3학년 초에 활동한 튤립의 경우는 화분에 식물을 심고 성장하는 과정을 그려 나가는 방식이었다. 살아 있는 식물과 교감을 나누며 그리기를 바랐다. 이 활동은 3학년부터 5학년 시기까지 계속되었다.

시기	활동명	재료	내용
2021년 3월 3주	흙 놀이와 튤립 심기	어린 튤립, 화분, 흙, 32절 화첩	야외에서 4절 도화지를 펴 놓고 흙 놀이를 하다가 화분에 어린 튤립을 심어 교실에 비치하는 활동을 하였다. 크게 성장할 뿐 아니라 큰 꽃을 피우기 때문에 튤립을 선택했다.
2021년 3월 4주	어린 튤립 그리기	튤립 화분, 32절 화첩, 연필	어린 튤립을 두고 보고 그리기를 하였다. 화분의 전체 모습보다는 튤립에만 집중하여 관찰하여 그리도록 하였다.
2021년 4월 1주	튤립 그리기	튤립 화분, 32절 화첩, 연필	튤립은 금세 성장하였고, 꽃을 피웠다. 이때는 대부분 꽃이 핀 튤립을 그릴 수 있었다. 일부 꽃을 피우지 못하거나 잘 성장하지 못하는 화분도 있어 그리는 데 아쉬움이 있었다.
2021년 4월 2주	튤립 그리기	튤립 화분, 32절 화첩, 연필	튤립의 꽃잎이 시들어 있거나 꽃대만 남은 모습을 그렸다. 그리면서 튤립이 점점 변해 가는 모습을 관찰할 수 있었다.

2021년 5월 3~4주	튤립 그리기 비평과 화분 그리기	다양한 식물이 있는 화분, 32절 화첩, 연필	3차례에 걸쳐 그린 튤립 그림을 순서대로 묶어 함께 감상하고 그 그림의 변화 과정에 대한 소감문을 쓰게 하고 그것을 발표하도록 하였다. 그리고 나서 한 번 더 화분 그리기를 실행했다.
2022년 4월 2~3주	화분 그리기	다양한 식물이 있는 화분, 32절 화첩, 연필	보이는 대로 그린다는 것이 무엇인지 좀 더 자세히 설명하고 그리기를 하였다. 전체를 생각하지 말고 꽃이면 꽃, 이파리면 이파리 하나에서 시작하여 점차 덧붙여 그려 나가라고 했다. 그릴 수 있을 만큼만 그리라고 했다. 2주 연속 같은 활동을 하였다.
2022년 4월 4주	화분 그리고 채색하기	다양한 식물이 있는 화분, 32절 화첩, 연필, 파스넷	2~3주 때와 마찬가지로 그리기를 하였지만 이번에는 간단한 채색 도구를 이용하여 색을 칠해 보도록 하였다.
2023년 5월 1~2주	화분 그리고 채색하기	다양한 식물이 있는 화분, 32절 화첩, 연필, 파스넷	특징적인 아이들을 중심으로 3~4학년 시기에 활동했던 결과들을 순서대로 비교하여 보여 주며 그리기가 어떻게 변했는지 관찰하면서 이야기를 나눴다. 4학년 시기와 마찬가지로 관찰하여 그리고 색을 칠해 보는 활동을 하였다.
2023년 5월 3주	화분 수묵 채색으로 그리기	다양한 식물이 있는 화분, 화선지, 먹, 채색 도구	학기 초 서예 활동을 하였던 것과 연계하여 수묵화로 그리기를 추가하였다. 먹으로 그린 후 채색을 하도록 했다.

3. 깜지 활동 과정

애초에 첫 시간 활동으로 그치려 했던 것이 매 학기의 시작과 끝을 장식하는 활동으로 전개되었다. 물론 모든 시간을 그렇게 진행하지는 못했지만 3학년에서 6학년까지 10차례의 활동을 했다.

시기	활동명	재료	내용
2021년 1학기 첫 시간	사인펜과 A4 용지	검정 사인펜, A4 용지	아이들과 만난 첫 활동으로 검정 사인펜과 A4 용지를 준비하였다. 서로 낯설음을 풀어내고, 워밍업처럼 가볍고 편하게 활동을 시작하고자 했다. 처음에는 그리고 싶은 것을 그리라고 했다. 아이들은 대체로 캐릭터 같은 그림을 그렸다. 그런 후에 아무것도 그리지 않고 까맣게 칠하라고 했다. 종이는 원하는 만큼 가져다 사용하도록 했다.
2021년 1학기 마지막 시간	깜지로 표현하기	8절 도화지, 4B 연필	아이들에게 매 학기 초와 말은 깜지로 하기로 했다고 전하면서 다만 재료가 바뀌었다고 설명하였다. 이에 사인펜으로 하였던 깜지 활동의 표현 방식이 특징적이었던 몇몇 작품의 이미지를 보여 주었다. 그런 후 4B 연필과 도화지를 사용하여 새롭게 깜지 활동을 하도록 했다.
2021년 2학기 첫 시간	깜지로 표현하기	8절 도화지, 4B 연필	재료는 1학기 마지막 시간과 같았는데, 그때 작품들 중 표현 기법이 특징적인 작품들을 골라 이미지를 보여 주고 나서 새롭게 표현해 보도록 했다. 아이들은 이제 자연스럽게 학기의 시작 활동으로 깜지를 받아들이기 시작하였다.

2021년 2학기 마지막 시간	색이 있는 깜지 활동	8절 도화지, 파스넷, 채색 도구	색상을 사용하여 표현하였다. 때문에 깜지라고 할 수는 없지만, 깜지라는 것이 아무것도 그리지 않는다는 것이라고 학습된 상황에서 자연스럽게 색을 이용하여 추상적인 표현을 하는 활동으로 진행되었다.
2022년 1학기 첫 시간	깜지로 표현하기	4절 도화지, 8절 도화지, 4B 연필	4절 도화지가 추가된 준비물이 제시되자, 아이들은 큰 종이에 관심을 가지기 시작하였다. 그러나 혼자 하기 벅찬 사이즈의 종이를 마주하자 아이들은 친구들과 함께 해도 되느냐고 물었다. '그렇다'고 하자 대부분의 아이들이 함께 하기 시작하였고, 그러면서 역동적인 깜지 놀이로 확장되어 활동이 전개되었다.
2022년 1학기 마지막 시간	깜지 명암 표현	A4 사이즈 도화지, 4B 연필	이전 활동에서 자연스레 연필의 색이 달라지는 표현이 이루어지는 것에 착안하여 연필 색의 명도 차이를 이용한 표현을 학습하는 깜지 활동으로 진행하였다. 4명을 한 모둠으로 편성한 후 4장의 작품이 각각 진하기의 차이를 내어 4단계의 명도를 만들어 내도록 하였다. 아이들은 친구의 것과 비교하며 좀 더 진하게 혹은 좀 더 연하게 하여 종이를 균일하게 칠해야 했다. 그렇게 한 후 그것을 한데 모아 두고 그 밝기의 변화를 체험하도록 했다.
2023년 1학기 첫 시간	깜지로 표현하기	A4 사이즈 도화지, 4B 연필	다시 원점으로 돌아가 각자 깜지 활동을 하도록 하였다. 다만 종이는 가능한 한 작은 A4 사이즈 도화지를 사용하였고, 함께 하지 않는 조건으로 하였다. 각자 자기 깜지에 집중해 보는 시간을 갖도록 하고자 함이었다. 이때 아이들은 대부분 정말 까맣게 칠하는 쪽으로 집중하고 있었다. 종이가 작아진 탓이기도 했지만 어느덧 깜지가 까맣게 칠하는 활동으로 자리 잡은 듯했다.

2023년 2학기 첫 시간	물감으로 그러데이션 표현하기	A4 사이즈 도화지, 수채 물감	색을 사용하는 깜지 활동으로 물감을 사용하여 표현하는 활동으로 배치되었다. 물감을 사용하되 2022년 1학기 마지막 시간처럼 하나의 색상으로 명도 차이를 내어 칠해 보는 활동이었다. 이것은 또한 물감 활동의 연장선상에서 자연스럽게 배치되었다.
2023년 2학기 마지막 시간	파스넷 깜지	4절 도화지, 파스넷, 채색 도구	2021년에 했던 파스넷을 이용한 칼라 깜지와 같은 활동이었으나 다만 종이 사이즈가 커졌다. 그런데 종이가 커지자 아이들은 또다시 협력을 원했고 협력이 허용되자 더욱 실험적인 활동들이 전개되었다. 이때 나와 아이들은 파스넷이라는 재료가 크레파스와 다르게 물에 녹는다는 사실을 처음 알게 되었다. 몇몇 아이들이 우연히 물을 묻혀 문댔는데 물에 녹아 칠해지는 것이었다. 이에 여러 아이들이 그 기법을 사용하여 표현하였다.
2024년 1학기 첫 시간	깜지로 표현하기	다양한 사이즈의 도화지, 4B 연필	다양한 사이즈의 도화지가 제공되었다. 이전에도 허용되었던 것이지만, 좀 더 강조한 것은 반드시 새까맣게 칠하지 않아도 된다는 것이었다. 무엇보다도 무언가 그리지 않는다는 점을 강조하였다. 또한 칠하거나 선을 긋거나 문대거나 다양한 방법으로 종이에 연필을 묻혀 표현하는 것이 깜지 활동의 목표임을 제시하였다. 그리하여 좀 더 자유로운 분위기에서 그만큼 다양한 표현 활동이 전개되었다.
2024년 2학기 마지막 시간	깜지로 나타내기	다양한 사이즈의 도화지, 4B 연필	지난 4년간의 미술 활동을 회상한다는 의미를 부여하여 마지막 활동으로 하였다.

4. 물감 활동 과정

아무것도 그리지 않고 재료의 표현성을 즐기는 데 집중하는 활동으로
3학년에서 6학년 시기까지 활동을 배치하였다. 3학년 시기에는 물성을 체험하는
데 더 초점을 두었다면 점차 그것이 가진 표현성을 배워 나가며 물감을 다룰 수
있는 경험을 가지도록 하였다.

시기	활동명	재료	내용
2021년 4월 3~4주	물감과 함께	대용량 물감, 4절 도화지, 큰 붓, 물통, 앞치마, 깔개	4절 도화지에 대용량 물감을 제공하지만 팔레트는 제공하지 않고 물감을 종이에 직접 덜어 주었다. 아이들은 종이에 원하는 물감을 짜 놓고 붓으로 문대거나 하면서 물감의 물질성을 충분히 즐기는 활동을 하였다. 활동이 끝나면 교실을 청소하는 일이 큰일이기는 하였다.
2021년 5월 1~2주	물감과 함께	대용량 물감, 8절 도화지, 큰 붓, 작은 붓, 팔레트, 물통, 앞치마, 깔개	팔레트와 작은 붓을 추가하여 물감 활동을 계속하였다. 재료를 즐기는 것을 넘어서 무언가 그리는 아이들이 나왔고, 팔레트를 이용하면서 좀 더 다채로운 활동이 되었다. 손을 사용하거나 다른 재료를 추가로 사용하는 등 아이들은 훨씬 적극적으로 활동하였다.
2021년 6월 1주	물감과 함께 (예술가와 비교하여 보기)	대용량 물감, 8절 도화지, 큰 붓, 작은 붓, 막대기나 돌, 팔레트, 물통, 앞치마, 깔개	시작 시간에 아이들 작품의 일부 이미지를 편집하여 예술가들의 작품과 비교하여 감상하는 시간을 가졌다. 아울러 해당 예술가들을 소개하였다. 그런 후에 표현 활동을 자유롭게 진행했다. 이때는 채색 도구로 붓뿐만 아니라 막대기나 돌 등도 함께 제공되었다.

2021년 6월 2주	물감과 함께 (비평 나누기)	대표적 작품, 비평문 양식	그동안 활동에서 종이는 무한정 제공되었고 아이들은 무수히 그려 내는 중에 마음에 드는 것을 골라 보관하도록 하였다. 이에 대표작들을 모아 놓고 자신의 작품 중 마음에 드는 것과 친구 작품 중 마음에 드는 것을 선정하여 그 기법에 대해서 쓰고, 무엇이 마음에 드는지 발표하도록 했다.
2022년 5월 3주 ~6월 1주	물감과 함께	대용량 물감, 다양한 사이즈의 도화지, 큰 붓, 물통, 앞치마, 깔개	이전과 다르게 다양한 사이즈의 도화지를 제공하여 선택하여 활동하도록 했다. 큰 붓만 제공하고 팔레트는 제공하지 않았다.
2022년 6월 2~3주	물감과 함께	대용량 물감, A4 사이즈의 도화지, 작은 붓, 팔레트, 물통, 앞치마, 깔개	종이를 A4 사이즈로 줄이고 붓도 작은 것으로 하고 팔레트를 제공하여 좀 더 섬세하게 활동을 할 수 있도록 했다.
2022년 6월 4주	물감과 함께 (소감문 쓰기)	작품 이미지, 소감문 양식	그동안 물감 활동을 하면서 느꼈던 것을 서술하고 그것을 돌아가면서 발표하면서 소감을 나누는 시간을 가졌다.
2023년 8월 3주	물감으로 그러데이션 표현하기	대용량 물감, A4 사이즈의 도화지, 작은 붓, 팔레트, 물통, 앞치마, 깔개	같은 색의 물감에 물을 섞어 농도 차를 내어서 5단계로 밝기를 조절하여 표현하는 활동을 하였다. 자유롭게 물감 활동을 하면서 때로 경험했던 것이지만, 이를 하나의 지식으로 다룸으로써 물감 사용과 표현의 폭을 넓히는 데 도움이 되고자 하였다.

2023년 8월 4주	농도 차를 이용하여 자유롭게 표현하기	대용량 물감, A4 사이즈의 도화지, 작은 붓, 팔레트, 물통, 앞치마, 깔개	지난 시간 배운 것을 토대로 물감의 농도 차를 이용하여 자유롭게 표현해 보는 활동을 하였다. 물론 아이들에 따라 그것을 활용하기도 하고 활용하지 않기도 하였다.
2024년 4월 2주	수채 물감의 세계	대용량 물감, 4절 도화지, 작은 붓, 팔레트, 물통, 앞치마, 깔개	수채 물감을 이용하여 흰색을 섞거나 물을 사용하여 명도 차이를 내는 방법, 물감을 혼색하여 색상을 변화시키는 방법 등을 가르치고 배웠다. 4절 도화지를 여러 칸으로 나눈 후 각각 다른 색을 칠해 가는 방법으로 활동하였다.
2024년 4월 3주	한 가지 색으로만 표현하기	대용량 물감, 8절 도화지, 작은 붓, 팔레트, 물통, 앞치마, 깔개	한 가지 색을 선택한 후 이를 물로 농도를 조절해 가며 다양하게 표현하는 활동을 하였다.
2024년 4월 4주	한 가지 색으로만 친구 그림 채색하기	대용량 물감, 친구 그림, 작은 붓, 팔레트, 물통, 앞치마, 깔개	친구 그리기 활동의 연장선에서 연필로 자신이 그린 친구 그림에 한 가지 색으로만 농담을 살려 채색하여 표현하는 활동을 하였다.
2024년 5월 1주	여러 가지 색으로 자유롭게 표현하기	대용량 물감, 다양한 사이즈의 도화지, 큰 붓, 작은 붓, 팔레트, 물통, 앞치마, 깔개	물감 활동의 마지막 대단원 같은 활동이었다. 재료를 자유롭게 사용하며 자신이 원하는 그림과 표현을 할 수 있도록 하였다. 아이들이 이 순간 화가로서 자기표현을 충분히 즐기고 있는 모습을 지켜볼 수 있었다.

5. 인물 그리기 과정

인물은 그리기 대상으로 무엇보다도 중심적인 소재이기에 그만큼 중요성을 부여하여 활동하였고, 3학년 시기부터 6학년 시기까지 계속되었다. 관찰하여 그리는 활동이 중심이라 작은 부분에서부터 시작하여 대상에 집중하는 데 초점을 두고자 했다. 고학년으로 갈수록 표현의 다양성을 목표에 포함하여 진행하였다.

시기	활동명	재료	내용
2021년 10월 5주	친구 눈 그리기	연필, 지우개, 소형 스케치북	친구 얼굴 중 눈을 보고 그리는 활동이었다. 코로나19 시기여서 얼굴의 다른 부위는 가리고 있었기 때문에 눈을 대상으로 하였다. 서로 마주 보고 상대방의 눈을 보이는 대로 그렸다. 눈동자를 먼저 자세히 그린 후에 그 다음에 눈꺼풀을 그리게 하고, 다음으로 눈썹을 그리게 하여 조금씩 조금씩 그리는 훈련을 했다.
2021년 11월 1주	엄지와 집게 손가락 그리기	연필, 지우개, 소형 스케치북	자기 손가락을 모델로 보며 그리는 것이었는데 무엇보다도 보는 활동에 초점을 두었다. 손가락의 모양보다는 손가락의 안을 집중하여 볼 수 있도록 하고자 했다. 종이에 엄지손가락 한 개를 대고 테두리 선을 따라 연필로 베낀 후에 그 안을 관찰하여 그려 채우도록 하고 집게손가락을 같은 방법으로 하게 했다. 학습량을 최소화하여 관찰하는 활동에 집중하도록 했는데, 두 개의 손가락을 선택한 이유는 그 모양의 차이를 인식하여 좀 더 구체적으로 보게 하기 위함이었다.

2022년 11월 1주	손 그리기	연필, 지우개, 소형 스케치북	3학년 시기처럼 대고 베껴 그리지는 않고 모양부터 보고 그리지만, 그리기 시작은 손가락부터 그린 후 손 전체로, 그리고 종이가 남으면 손목까지 연장해서 그려 나가는 방법으로 활동을 하였다. 하나하나 보고 그려 나가는 데 초점을 두었다.
2022년 11월 2주	자기 얼굴 그리기	연필, 지우개, 소형 스케치북, 손거울	거울을 보며 코를 먼저 관찰하여 그린 후, 입을 그리고, 눈을 그리고, 그런 후에 얼굴과 머리를 그리는 순서로 그리도록 하였다. 관찰하여 그릴 수 있도록 하기 위해서였다.
2022년 12월 3주	선생님 그리기	연필, 지우개, 8절 도화지	담임 선생님을 모델로 두고 아이들이 둘러앉아 그리도록 했다. 여기에서도 선생님의 코 혹은 눈부터 그리기를 시작하도록 하였고 점차 얼굴, 몸으로 그려 나가도록 했다. 때문에 작게 그린 아이들은 전신을 다 그리게 되고, 크게 그린 아이들은 허리 부위나 가슴 부위까지 그리고 끝나기도 했다.
2023년 11월 2주	친구 그리기	연필, 지우개, 8절 도화지	4명을 한 모둠으로 하여 서로 옆모습을 볼 수 있도록 자리를 배치하였다. 4학년 때 했던 선생님 그리기와 마찬가지 방식으로 친구 그리기를 하였다. 4학년 때는 선생님을 거의 정면에서 바라보고 그렸다면 친구의 정 측면을 보고 그리게 된 점이 달랐다.
2023년 11월 3주	너와 나의 모습	아이들 사진 (A4 사이즈 프린트), 8절 도화지, 풀, 가위, 파스넷	자신의 사진을 10조각으로 잘라서 1조각만 남기고 친구들과 물물 교환을 통해서 다 교환하여 온 후, 그것을 종이에 콜라주 방식으로 붙이고, 여백에 그림을 추가하여 완성하는 활동이었다. 이미지를 절대화하지 않고 유희적으로 상대화하는 관점을 가질 수 있도록 하고자 했다.

2023년 11월 4주	피카소와 함께	피카소 감상 자료, 친구 그리기 그림 자료, 비평문 쓰기 양식	정면을 그릴 때와 측면을 그릴 때 얼굴에서 코의 위치, 눈과 입의 모양들에서 알고 있는 것과 보이는 것 사이에서 혼란을 겪는 것을 지켜보면서 피카소를 참조하여 시선의 상대성을 학습할 기회를 제공하고자 했다. 그리기에서 당연히 옳은 것은 없다는 것을 배울 기회를 갖고자 함이었다. 피카소의 작품과 우리들의 그림을 비교하여 보는 시간을 가진 후에 소감을 글로 쓰게 했다.
2023년 12월 3주	친구 그림 콜라주 하여 표현하기	친구 그림, 8절 도화지, 가위, 풀, 채색 도구	피카소에 대해 배운 것을 토대로 입체파의 작업처럼 콜라주를 하여 표현하는 시간을 가졌다. 자신이 그린 친구 그림을 5조각으로 나눈 후, 그것을 '너와 나의 모습' 시간 때처럼 물물 교환을 한 후 콜라주 하여 붙여 표현하는 활동을 하였다.
2024년 3월 4주	친구 그리기	연필, 지우개, 8절 도화지	4학년 때와 마찬가지 방식으로 친구 그리기를 하였다. 다만 이때부터는 어디부터 그리든지, 어떻게 그리든지 그리는 방식은 아이들의 자유에 맡겼다.
2024년 3월 5주	나 그리기	연필, 지우개, 8절 도화지	거울을 보거나 하지 않고 나의 모습을 상상하여 그리는 활동이었다. '학교 속의 우리'를 위한 사전 활동이었기에 전신상을 그려야 했다.
2024년 4월 1주	학교 속의 우리	나의 그림, 가위, 풍선대, 스카치 테이프, 휴대전화 등 촬영 도구	나의 전신상을 오려 풍선대에 붙인 후, 혼자 혹은 친구들과 함께 학교의 이곳저곳에 설치하여 사진을 찍어 공유하는 활동이었다.

6. 서예와 수묵 과정

한글을 전통적인 글씨 쓰기 방식으로 익힐 필요가 있다고 생각하였다. 한글의
모양이 본래 붓글씨에서 비롯되었다는 것을 익힘으로써 전통 감각을 체험할 수
있고 붓을 사용하면서 자연스레 그리기로 연결된다. 서구 미술의 원근법이라든가
명암법이 인위적인 특성을 가진 반면 전통 미술의 표현법은 자연스러운 특징을
지니기 때문에 어린이들이 접하는 데 훨씬 자연스러운 측면이 있다. 미술이라는
분야가 대부분 외래 문화로부터 유래되었다는 측면이 있다고 할 때 전통을
익히면서 미술을 배우는 것이 자연스러운 과정이 될 수 있다고 생각했다.

시기	활동명	재료	내용
2023년 3월 5주	서예 판본체 획 긋기	서예 붓, 화선지, 먹물, 깔판, 벼루	유튜브 영상을 보며 판본체 쓰기를 위한 획 긋기 연습 활동을 하였다.
2023년 4월 1주	서예 판본체 획 긋기	서예 붓, 화선지, 먹물, 깔판, 벼루	유튜브 영상을 보며 판본체 자음과 모음 쓰기 연습 활동을 하였다.
2023년 4월 2주	판본체로 이름 쓰기	서예 붓, 화선지, 먹물, 깔판, 벼루	예시를 보며 판본체 정자로 자기 이름을 쓰고, 자기가 생각하는 자유로운 체로 이름을 쓰고 비교하여 보았다.
2023년 5월 3주	수묵 채색으로 화분의 식물 그리기	수묵화 붓, 화선지, 먹물, 채색 물감, 화분	화분 그리기와 연결하여 수묵 채색화 그리기를 하였다. 먹선으로 그린 후 물감으로 채색하는 방법을 따랐다.

2023년 5월 4주	수묵 채색 자유 표현	수묵화 붓, 화선지, 먹물, 채색 물감	먹으로 자유롭게 표현하여 그리고 수채 물감으로 채색하는 활동을 하였다.
2023년 6월 2주	수묵 자유 표현 비평하기	대표 작품, 비평문 양식	지난 시간에 그린 수묵 채색 자유 표현 결과 작품을 복도에 늘어놓고, '잘한 작품', '멋있는 작품', '재밌는 작품'으로 나눠 그 그림의 특징과 이유를 글로 써 비평을 하게 한 후 그것을 발표하여 서로 나누게 하였다. 미술 작품을 감상하고 비평하는 다양한 시각을 경험하고 나누는 것을 목표로 하였다.
2024년 5월 2주	궁체 쓰기 모음 연습	서예 붓, 화선지, 먹물, 깔판, 벼루	유튜브 영상을 보며 궁체 모음 획 쓰기 연습을 하였다.
2024년 6월 3주	궁체 쓰기 자음 연습	서예 붓, 화선지, 먹물, 깔판, 벼루	유튜브 영상을 보며 궁체 자음 획 쓰기 연습을 하였다.
2024년 7월 1주	서예 쓰기	서예 붓, 화선지, 먹물, 깔판, 벼루	예시를 보며 '푸른 하늘 깊은 바다'를 궁체로 따라 쓰고 나서 자유롭게 자기 방식으로 다시 쓰도록 하였다.
2024년 7월 2주	수묵 기법과 자유로운 수묵 표현	수묵화 붓, 화선지, 먹물, 깔판, 벼루	유튜브 영상을 보며 수묵 기법을 따라 하며 체험을 하고 난 후에 자유롭게 수묵 표현을 하도록 했다.
2024년 9월 3주	수묵 기법 익히기	수묵화 붓, 화선지, 먹물, 깔판, 벼루	정선의 〈인왕제색도〉를 따라 그리기 위한 준비 과정이다. 〈인왕제색도〉에 대한 자료를 감상한 후에 유튜브 영상을 보며 수묵 기법을 따라 하며 체험을 하였다.

2024년 9월 4주 ~10월 2주	〈인왕제색도〉 따라 그리기	수묵화 붓, 화선지, 먹물, 깔판, 벼루	교사가 〈인왕제색도〉의 일부분을 잘라 제시한 3개의 부분 중 원하는 것을 선택한 후에 따라 그리기를 하였다. 이를 통해서 수묵화를 경험하였다.
2024년 10월 3주	제발 쓰기	그림, 붓펜, 도화지, 풀	앞에서 그린 〈인왕제색도〉 모사 그림에 도화지를 덧대 붙인 후 친구들이 모두 그림에 대한 감상 글을 써 주는 활동이었다. 친구 그림을 찬찬히 들여다보고 감상할 뿐 아니라 애정을 전해 주는 활동이 되었다.

7. 입체 활동 과정

3학년 시기에는 교사의 간섭 없이 다양한 재료를 사용한 풍부한 입체 활동을 하였다. 그러다가 4학년 시기부터는 건축적 구조에 대한 내용을 학습 과정에 포함하면서 활동을 전개하였다. 찰흙 활동 또한 3~5학년 시기까지 계속되었지만 여기에 포함하지 않는다.

시기	활동명	재료	내용
2021년 7월 3주	여러 가지 재료로 표현하기	스티로폼 볼(30mm), 하드 바동글이(칼라), 이쑤시개, 찰흙, 칼	주어진 재료를 사용하여 자유롭게 활동하였다.
2021년 9월 2~3주	색 점토와 철사로 표현하기	플라스틱 색 점토, 공작용 철사, 가위	2주간 연속된 활동으로 주어진 재료를 사용하여 자유롭게 활동하였다.
2021년 12월 1~2주	다양한 재료로 표현하기	수수깡, 플레이콘, 이쑤시개, 쿠킹 호일, 마스킹 테이프, 솜, 본드	2주간 연속된 활동으로 주어진 재료를 사용하여 자유롭게 활동하였다.
2022년 9월 2주	주어진 재료로 표현하기	스티로폼 볼(25~35mm), 핫바 스틱(소), 이쑤시개, 칼	다음 시간에 하게 될 건축적 표현을 하기 전에 같은 재료를 충분히 사용하며 익히고 자유롭게 표현하는 활동으로 전개하였다.

2022년 9월 3주	최대한 높게	스티로폼 볼(25~35mm), 핫바 스틱(소), 이쑤시개, 칼	2명씩 짝을 지어 주어진 재료를 이용하여 최대한 높게 세우는 과제였다. 넘어지지 않게 높게 세우는 일에 아이들은 경쟁적으로 참여하였다. 활동 후 높게 세운 아이들은 어떻게 하여 그렇게 되었는지 함께 평가하며 그 구조의 특성을 이해하는 시간을 가졌다.
2022년 9월 4주	입체로 표현하기	스티로폼 볼(25~35mm), 핫바 스틱(소), 이쑤시개, 수수깡, 칼	지난 시간에 이어 입체로 표현하기라는 활동명을 사용하였지만, 방법은 제한하지 않고 자유롭게 활동하였다.
2022년 9월 5주 ~10월 1주	다양한 재료로 표현하기	스티로폼 볼(25~35mm), 핫바 스틱(소), 이쑤시개, 수수깡, 글루 건, 쿠킹 호일, 칼 등	재료에 쿠킹 호일을 추가하였고, 글루 건을 처음 사용하였다. 활동은 교사의 개입 없이 자유롭게 하였다.
2022년 11월 4주	자유롭게 표현하기	연필, 지우개, 8절 도화지, 찰흙, 스티로폼 볼(25~35mm), 물감, 솜, 글루 건 등	물감, 도화지 등 평면 활동 재료와 찰흙, 스티로폼 볼, 솜 등 입체적인 재료를 함께 제공하고 자유롭게 혼합적으로 작업하도록 했다. 이전에 활동하고 남은 재료를 한꺼번에 소진하려는 의도 또한 있었다.
2023년 9월 2~3주	건축적으로 표현하기	스트로우, 칼 혹은 가위, 테이프, 글루 건	건축적인 것이 무엇인지 학습을 한 후에 활동을 시작하였다. 개별 활동으로 하였는데, 어려워하는 아이들이 있어서 1차 활동 후 평가하고, 다시 2차 활동을 하는 2주간의 과정으로 진행했다.

2023년 9월 4주	건축적 구조를 활용하여 멋진 입체물 만들기	스트로우, 칼 혹은 가위, 테이프, 글루 건, 멀티탭, 쿠킹 호일, 랩, 색종이	건축적으로 표현한 구조물에 재료를 추가하여 자유롭게 입체 조형물을 만드는 활동을 했다.
2024년 10월 4주	건축적 구조를 활용하여 멋진 입체물 만들기	스트로우, 칼 혹은 가위, 테이프, 글루 건, 멀티탭	5학년 시기에 이어 구조적인 형태로 세워 입체로 만들기 활동을 했다.
2024년 11월 1~2주	짝지어 함께 하기	스트로우, 칼 혹은 가위, 테이프, 글루 건, 멀티탭	지난 시간의 활동 결과를 둘씩 짝지어 서로 결합한 후 새롭게 만드는 활동을 진행했다.
2024년 11월 3~4주	입체 활동 움직이게 하기	위의 재료에 모터 키트 추가	키네틱 아트를 배우는 과정의 하나로 모터 동력을 이용하여 앞 시간에 만든 조형물을 움직일 수 있도록 하는 활동을 했다. 이것은 앞의 활동에 이어 협력적 활동으로 전개하였다.
2024년 12월 1주	움직임으로 표현하기	위 재료와 동일	함께 활동한 지난 시간에 이어 각자 혼자 활동으로 움직이는 조각 만들기를 하였다. 재료는 지난 시간에 만들었던 것을 분해하여 재활용하도록 했고, 입체적인 구조와 조형성보다는 움직임에 초점을 두어 표현하도록 했다.

감사의 글

그 누구보다도 나를 믿고 따라 준 병설 유치원 12명의 아이들, 그리고 중간에 전학으로 오고 가는 아이들이 있었지만 4년간의 긴 세월을 함께해 준 30명의 충남 서천 장항초등학교 아이들에게 고마움을 표한다. 나에게 많은 배움을 줬고 주옥같은 작품들을 제공하였다. 일일이 이름을 열거하지 못함에 아쉬움을 느낀다. 부모님들께 또한 감사의 마음을 표한다. 부모님들께서 동의하여 주신 덕분에 아이들의 한 발자국 한 발자국을 담아 책을 낼 수 있었다. 그리고 때마침 태어나 이 할아버지를 위해 끊임없이 작품을 제공했던 나의 손녀 하울이에게도 고마움을 표한다. 하울이가 없었다면 책의 출발점을 만들지 못하였을 것이다.

이 책이 나오기까지 많은 분들의 도움이 컸다. 장항초등학교 신상호 선생님과 병설 유치원 이유나 선생님, 두 분 선생님께 특별히 감사를 드린다. 이 두 분의 선생님께서 도와주시지 않았다면 시작할 수 없었을 것이다. 또한 여러 담임 선생님들께서 흔쾌히 함께해 주셨기에 6학년까지 무사히 마칠 수 있었다. 진심으로 감사의 말씀을 드린다. 수업을 할 수 있도록 허락하시고 지속적으로 지원해 주신 박상원 교장 선생님, 이동규 교장 선생님께도 감사드린다.

　전국미술교과모임과 한국라깡임상정신분석협회에도 감사를 드린다. 나는 이 두 단체에 속하여 몇 차례 사례 발표를 할 기회를 가졌고 회원님들의 비평에 귀를 기울일 수 있었다. 그것은 수업을 진행하는 관점과 태도를 점검하는 데 큰 도움이 되었다.

　교육공동체 벗의 김기언 대표님께 감사드린다. 선뜻 손을 내밀어 나의 손을 잡아 주셨고 무사히 책으로 완성되게 되었다. 이에 서천을 오가며 협의하여 주시고 출판을 위한 모든 일을 도맡아 해 주신 이진주 편집자님, 또한 멋진 디자인으로 책을 만들어 주신 박대성 디자이너님께도 감사드린다.

교육공동체 벗

교육공동체 벗은 협동조합을 모델로 하는 작은 지식공동체입니다.
협동조합은 공통의 목적을 가진 사람들이 모여서 만든
권력과 자본으로부터 독립된 경제조직입니다.
교육공동체 벗의 모든 사업은 조합원들이 내는 출자금과 조합비로 운영됩니다.
수익을 목적으로 하지 않기에 이윤을 좇기보다
조합원들의 삶과 성장에 필요한 일들과
교육운동에 보탬이 될 수 있는 사업들을 먼저 생각합니다.
정론직필의 교육전문지, 시류에 휩쓸리지 않는 정직한 책들,
함께 배우고 나누며 성장하는 배움 공간 등
우리 교육 현실에 필요한 것들을 우리 힘으로 만들고 함께 나누고 있습니다.

조합원 참여 안내

출자금(1구좌 일반 : 2만 원, 터잡기 : 50만 원)을 낸 후 조합비(월 1만 5천 원 이상)를 약정해 주시
면 됩니다. 조합원으로 참여하시면 교육 공동체 벗에서 내는 격월간 교육전문지《오늘의 교육》과
조합통신을 받아 보실 수 있습니다. 출자금은 종잣돈으로 가입할 때 한 번만 내시면 됩니다. 조합
을 탈퇴하거나 조합 해산 시 정관에 따라 반환합니다. 터잡기 조합원은 벗의 터전을 함께 다지는
데 의미와 보람을 두며 권리와 의무에서 일반 조합원과 차이는 없습니다. 아래 홈페이지나 카페
에서 조합 가입 신청서를 내려받아 작성하신 후 메일이나 팩스로 보내 주세요.

홈페이지 communebut.com
이메일 communebut@hanmail.net
전화 02-332-0712
팩스 0505-115-0712

교육공동체 벗을 만드는 사람들

※ 하파타순

후쿠시마 미노리, 황지영, 황정일, 황정원, 황이경, 황윤호성, 황영수, 황선호, 황봉희, 황규선, 황고운, 홍지영, 홍정인, 홍승희, 홍순성, 홍성근, 홍성구, 홍서연, 현복실, 허창수, 허윤영, 허성실, 허성균, 허보영, 허광영, 함점순, 함영기, 한학범, 한채마, 한진, 한지혜, 한은옥, 한송희, 한성찬, 한석주, 한민호, 한민혁, 한만중, 한낱, 한길수, 한경희, 하주현, 하정호, 하정필, 하인호, 하승우, 하승수, 하순배, 탁동철, 최희성, 최현숙, 최현미, 최한나, 최진규, 최주연, 최정윤, 최정아, 최은희, 최은정, 최은숙, 최은경, 최윤미, 최유리, 최원혜, 최우성, 최영식, 최연희, 최연정, 최승훈, 최승복, 최선자, 최선경, 최봉선, 최보람, 최병우, 최미영, 최류미, 최대현, 최광용, 최경미, 최경련, 채효정, 채종민, 채민정, 차종숙, 차용훈, 진현, 진주형, 진웅용, 진영준, 진냥, 지정순, 지수연, 주예진, 주순영, 조희정, 조혜원, 조현민, 조향미, 조해수, 조진희, 조지연, 조정희, 조윤성, 조원희, 조원배, 조용진, 조영현, 조영실, 조영선, 조여은, 조여경, 조성희, 조성실, 조성배, 조성대, 조석현, 조석영, 조남규, 조경애, 조경아, 조경삼, 조경미, 제남모, 정희영, 정홍윤, 정현숙, 정혜레나, 정한경, 정춘수, 정진영a, 정진영b, 정진규, 정주리, 정종헌, 정종민, 정재학, 정이든, 정은희, 정은주, 정은균, 정유진, 정유숙, 정유섭, 정원탁, 정원석, 정용주, 정예현, 정예슬, 정애순, 정소정, 정보라, 정민석, 정미숙a, 정미숙b, 정명옥, 정명영, 정득년, 정대수, 정남주, 정광호, 정광필, 정광일, 정관모, 정경원, 전혜원, 전지훈, 전정희, 전유미, 전세란, 전보애, 전민기, 전미영, 전명춘, 전난희, 장주연, 장인하, 장은정, 장윤영, 장원영, 장시준, 장상욱, 장병훈, 장병학, 장병순, 장근영, 장군, 장경훈, 임혜정, 임향신, 임한철, 임하영, 임지영, 임중혁, 임종길, 임정은, 임전수, 임수진, 임성빈, 임선영, 임상진, 임동헌, 임덕연, 임경환, 이희옥, 이희연, 이효진, 이호진, 이혜정, 이혜영, 이혜린, 이현, 이혁규, 이향숙, 이한진, 이하영, 이태영, 이태경, 이치형, 이충근, 이진희, 이진혜, 이진주, 이진욱, 이지홍, 이지혜, 이지향, 이지완, 이지영, 이지연, 이중석, 이주희, 이주영, 이종은, 이정희a, 이정희b, 이재익, 이재은, 이재영, 이재두, 이인사, 이은희a, 이은희b, 이은향, 이은진, 이은주, 이은영, 이은숙, 이은민, 이윤엽, 이윤승, 이윤선, 이윤미, 이윤경, 이유진a, 이유진b, 이월녀, 이원님, 이용환, 이용석, 이용기, 이영화, 이영주, 이영아, 이연진, 이연주, 이연숙, 이연수, 이승헌, 이승태, 이승아, 이슬기, 이수현, 이수정a, 이수정b, 이수연, 이수미, 이성희, 이성호, 이성채, 이성숙, 이성수, 이선표, 이선영a, 이선영b, 이선애a, 이선애b, 이선미, 이상훈, 이상화, 이상직, 이상원, 이상미, 이상대, 이병준, 이병곤, 이범희, 이민정, 이민아, 이민숙, 이미옥, 이미숙, 이미라, 이문영, 이명훈, 이명형, 이동철, 이동준, 이동범, 이다연, 이남숙, 이난영, 이나경, 이기자, 이기규, 이근철, 이근영, 이규빈, 이광연, 이계삼, 이경화, 이경은a, 이경은b, 이경욱, 이경언, 이경림, 이건희, 윤희연, 윤홍은, 윤지형, 윤종원, 윤영훈, 윤영백, 윤수진, 윤상혁, 윤병일, 윤규식, 유효성, 유재을, 유영길, 유병은, 위양자, 원지영, 원윤희, 원성제, 우창숙, 우지영, 우완, 우수경, 오중근, 오정오, 오재흥, 오은정, 오은경, 오유진, 오수진, 오세희, 오민식, 오명환, 오동석, 염정신, 여희영, 여태전, 엄창호, 엄재홍, 엄기호, 엄기옥, 양현애, 양해준, 양지선, 양은주, 양은숙, 양영희, 양애정, 양선아, 양서영, 양상진, 양근라, 안효빈, 안찬원, 안지윤, 안준철, 안정선, 안옥수, 안영신, 안영빈, 안순억, 안미령, 심은보, 심우향, 심승희, 심수환, 심동우, 심나온, 심경일, 신혜선, 신충일, 신창호, 신창복, 신중휘, 신중식, 신은정, 신유준, 신소희, 신성연, 신선웅, 신미정, 신미옥, 송호영, 송혜란, 송한별, 송정은, 송인혜, 송용석, 송아미, 송승훈a, 송승훈b, 송수연, 송명숙, 송경화, 손현아, 손진근, 손정란, 손은경, 손성연, 손민정, 손미승, 소수영, 성현석, 성열관, 성보란, 설은주, 설원민, 선미라, 석옥자, 석미화, 석경순, 서지연, 서정오, 서인선, 서은지, 서예원, 서명숙, 서금숙, 서강선, 상형규, 변현숙, 변나은, 백현희, 백승범, 배희철, 배주영, 배정현, 배이상헌, 배영진, 배아영, 배성연, 배경내, 방득일, 방경내, 반영진, 박희진, 박희영, 박효정, 박환조, 박혜숙, 박형진, 박현희, 박현숙, 박춘애, 박춘배, 박철호, 박진희, 박진환, 박진수, 박진교, 박지희, 박지홍, 박지원, 박중구, 박정희, 박정미, 박재선, 박재란, 박은하, 박은아, 박은경, 박용빈, 박옥주, 박옥균, 박영실, 박연지, 박신자, 박수진, 박수경, 박소현, 박세일, 박성규, 박선영, 박상현, 박복희, 박복선, 박미희, 박미옥, 박명진, 박명숙, 박동혁, 박도정, 박대성, 박노해, 박내현, 박나실, 박기웅, 박고형준, 박경화, 박경이, 박건형, 박건진, 박건오, 민병성, 문호진, 문용석, 문영주, 문연심, 문수현, 문수영, 문수경, 문명숙, 문경희, 모은정, 맹수용, 마승희, 류창모, 류정희, 류재향, 류우종, 류명숙, 류대현, 류경원, 도정철, 데와 타카유키, 노한나, 노영현, 노경미, 남효숙, 남정민, 남은정, 남윤희, 남원호, 남예린, 남미자, 남궁역, 나여훈, 나규환, 김희옥, 김흥규, 김훈태, 김효미, 김홍규, 김홍겸, 김혜영, 김혜림, 김현진, 김현주a, 김현주b, 김현옥, 김현영, 김현실, 김헌택, 김헌용, 김해경, 김필임, 김태훈, 김태원, 김찬영, 김찬, 김진희, 김진주, 김진숙, 김진, 김지훈, 김지혜, 김지원, 김지운, 김지연a, 김지연b, 김지광, 김중미, 김준연, 김주영, 김종현, 김종진, 김종원, 김종욱, 김종성, 김종선, 김정삼, 김재황, 김재현, 김재민, 김임곤, 김인순, 김이은, 김은파, 김은아, 김은식, 김은숙, 김은수, 김윤주, 김윤자, 김윤우, 김원예, 김원석, 김우영, 김용휘, 김용양, 김용만, 김요한, 김영희, 김영진, 김영주, 김영재, 김영삼, 김영미, 김영모, 김연정a, 김연정b, 김연일, 김연미, 김아현, 김순천, 김수현, 김수진a, 김수진b, 김수정, 김수연, 김수경, 김소희, 김소혜, 김소영, 김세호, 김세원, 김성탁, 김성숙, 김성봉, 김성보, 김선희, 김선철, 김선우, 김선미, 김선구, 김석규, 김서화, 김서영, 김상희, 김상정, 김상규, 김봉석, 김보현, 김보경, 김병희, 김병훈, 김병기, 김범주, 김민희, 김민섭, 김민선, 김민곤, 김민결, 김미향, 김미진, 김미선, 김문옥, 김무영, 김묘선, 김명희, 김명섭, 김동현, 김동일, 김동원, 김도석, 김다희, 김다영, 김남철, 김나혜, 김기훈, 김기언, 김규태, 김규빛, 김광백, 김광민, 김고종호, 김경일, 김가연, 길지현, 기세라, 금현진, 금현옥, 금명순, 권혜영, 권혁천, 권혁기, 권태윤, 권자영, 권유나, 권용수, 권미지, 국찬석, 구자숙, 구원회, 구완회, 구수연, 구본희, 구미숙, 광홍, 곽혜영, 곽현주, 곽진경, 곽노현, 곽노근, 공현, 공진하, 공영아, 고춘식, 고진선, 고은경, 고윤정, 고영주, 고영실, 고병헌, 고병연, 고민경, 고미아, 강화정, 강혜인, 강현주, 강현정, 강한아, 강태식, 강준희, 강인성, 강이진, 강은영, 강윤진, 강유미, 강영일, 강영구, 강순원, 강수돌, 강성규, 강석도, 강서형, 강경모

※2025년 1월 22일 기준 753명